Holt French Level 1

Allez, viens!®

Testing Program

HOLT, RINEHART AND WINSTON

Harcourt Brace & Company

Austin • New York • Orlando • Atlanta • San Francisco • Boston • Dallas • Toronto • London

Contributing Writers

Joan H. Manley
The University of Texas at El Paso
El Paso, TX

Jane Canales
Dripping Springs High School
Dripping Springs, TX

Valérie Simondet
Bellaire, TX

Cover Photo/Illustration Credits:
Background pattern: Copyright © 1992 by Dover Publications, Inc.
Group of students: Marty Granger/HRW Photo

Photography credits
Page 4,17, HRW Photo/Marty Granger/Edge Productions.

Art credits
All art, unless otherwise noted, by Holt, Rinehart & Winston.
Page 7, Yves Larvor; 14, Yves Larvor; 18, Jocelyne Bouchard; 30, Brian Stevens; 39, Guy Maestracci; 65, Michel Loppé; 66, Brian Stevens; 134, Guy Maestracci; 143, Jean-Pierre Foissy; 174, Guy Maestracci; 265, Brian Stevens; 275, Brian Stevens.

ALLEZ, VIENS! is a registered trademark licensed to Holt, Rinehart and Winston.

Printed in the United States of America

ISBN 0-03-052649-3

2 3 4 5 6 7 021 03 02 01 00 99

Contents

To the Teacher

The *Allez, viens! Testing Program* contains the following assessment materials: quizzes, Chapter Tests, and Speaking Tests. For other assessment options, such as performance assessment or portfolio suggestions, see the *Alternative Assessment Guide*. The *Testing Program* is organized by chapter, and each chapter contains these components:

- **Quizzes** Six quizzes accompany each chapter, two quizzes for each **étape**. Each is short enough to be administered within approximately 20 minutes, leaving ample time for other activities. The first quiz for each **étape** (Quiz A) focuses on the grammar and vocabulary for that section of the chapter. These Grammar and Vocabulary quizzes principally test writing and reading skills, and feature more discrete-point, closed-ended assessment. They may be used for evaluation, or as review in preparation for the second quiz in each **étape** and the Chapter Tests. The **Etape** quizzes (Quiz B) assess listening, reading, and writing skills as well as culture, using a combination of closed and open-ended formats. Listening and reading sections evaluate comprehension of the **étape** material, while the writing section asks students to express themselves in real-life situations. You will find the listening section of each **Etape** quiz (Quiz B) recorded on the *Audio Compact Discs* for the corresponding chapter. The scripts and answers to all the quizzes are also included in the *Testing Program*. For ease in grading, the total point value for three quizzes, one from each **étape**, equals 100. The Grammar and Vocabulary quiz for each **étape** (Quiz A) always has the same point value as its Quiz B counterpart, allowing you to choose to administer either of the two quizzes in any given **étape**.

- **Chapter Tests** The Chapter Tests for Chapters 1–12 include listening, reading, writing, and culture segments. They are designed to be completed in one class period. Score sheets are provided with the tests, as well as listening scripts and answer keys. With the exception of the writing and some culture segments, the Chapter Tests are designed to facilitate mechanical or electronic scoring. You will find the listening segments for the Chapter Tests recorded on the *Audio Compact Discs*.

- **Midterm and Final Exams** The Midterm Exam is a comprehensive exam covering material from Chapters 1–6, while the Final Exam focuses on material from Chapters 7–12. These exams evaluate listening, reading, writing, and culture. As in the Chapter Tests, the listening, reading, and some of the culture sections are designed to facilitate mechanical or electronic scoring. Score sheets, scripts, and answers are provided for both exams. You will find the listening portions of these exams on *Audio Compact Discs 6* and *12* respectively.

- **Speaking Tests** There is one Speaking Test for each chapter. For more detailed suggestions on administering and grading these tests, see "To the Teacher" and the rubrics on pages 341 and 342 of this book.

Nom _____ Classe _____ Date _____

Faisons connaissance!

Quiz 1-1A

■ PREMIERE ETAPE

Maximum Score: 35/100

Grammar and Vocabulary

A. Some notes fell out of your big sister's school bag. Read the notes and write the words that are missing in the blanks. (5 points)

| Et toi | Il s'appelle | Ça va | A tout à l'heure | Pas mal |

Nathalie Bonjour, Anne. **(1)** _____ ?

Anne **(2)** _____ . **(3)** _____ ?

Nathalie Bof! Dis, ton professeur, il s'appelle comment?

Anne **(4)** _____ Jérôme Gaudelette.

Nathalie Bon. **(5)** _____ .

Anne Tchao.

SCORE _____

B. Circle the expression in each series that doesn't belong because of its meaning. (5 points)

1. au revoir
   tchao
   très bien

2. bof
   salut
   bonjour

3. à bientôt
   à demain
   comme ci, comme ça

4. pas mal
   pas terrible
   comme ci, comme ça

5. ça va
   très bien
   super

SCORE _____

C. Write out the words in French for these numbers. (10 points)

1. twelve: _____

2. nine: _____

3. four: _____

4. five: _____

5. fourteen: _____

6. seven: _____

7. thirteen: _____

8. eighteen: _____

9. twenty: _____

10. eleven: _____

SCORE _____

Quiz 1-1A

D. How would you say hello to these people in French? (5 points)

1. Your principal: _____

2. Your friend Thomas: _____

3. Your new neighbor's grandmother: _____

4. The President of France: _____

5. Your six-year old cousin Denise: _____

SCORE _____

E. You've just met the new French exchange student Camille. Respond in French to each of her statements and questions, using a complete sentence. (10 points)

1. Bonjour.

_____

2. Comment ça va?

_____

3. Tu t'appelles comment?

_____

4. Tu as quel âge?

_____

5. Au revoir.

_____

SCORE _____

TOTAL SCORE _____ /35

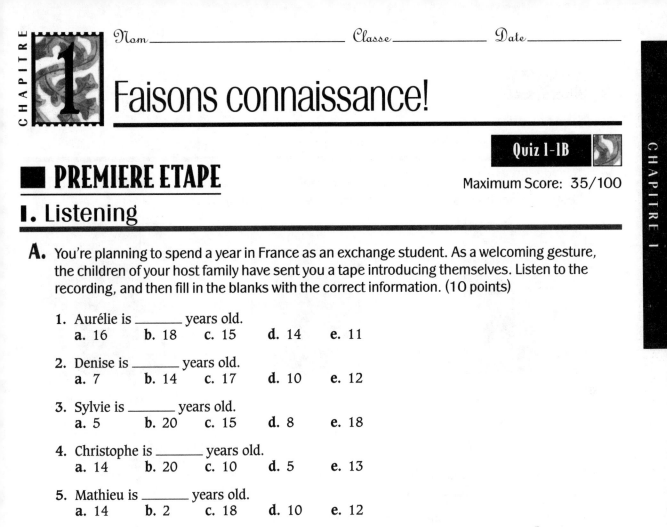

Nom _____ Classe _____ Date _____

Faisons connaissance!

Quiz 1-1B

■ PREMIERE ETAPE

Maximum Score: 35/100

I. Listening

A. You're planning to spend a year in France as an exchange student. As a welcoming gesture, the children of your host family have sent you a tape introducing themselves. Listen to the recording, and then fill in the blanks with the correct information. (10 points)

1. Aurélie is _____ years old.
   a. 16   **b.** 18   **c.** 15   **d.** 14   **e.** 11

2. Denise is _____ years old.
   a. 7   **b.** 14   **c.** 17   **d.** 10   **e.** 12

3. Sylvie is _____ years old.
   a. 5   **b.** 20   **c.** 15   **d.** 8   **e.** 18

4. Christophe is _____ years old.
   a. 14   **b.** 20   **c.** 10   **d.** 5   **e.** 13

5. Mathieu is _____ years old.
   a. 14   **b.** 2   **c.** 18   **d.** 10   **e.** 12

SCORE [   ]

II. Reading

B. You've received this note from one of your new classmates at the French high school you're attending. Read the note and then complete the statement that follows in English. (9 points)

> Salut! Je m'appelle Hélène. Ça va? Moi, ça va très bien! Tu t'appelles comment? Tu as quel âge? A tout à l'heure.

Hélène wants to know . . .

1. _____

2. _____

3. _____

SCORE [   ]

CHAPITRE 1

Quiz 1-1B

III. Culture

C. Anne-Marie is asking her friends how they're feeling. Read the conversations below and choose the gesture her friends would use in their answers. (6 points)

a.

b.

c.

1. _____   —Bonjour, Thierry! Ça va?
               —Oh, pas terrible.

2. _____   —Salut, Didier! Comment ça va?
               —Super! Et toi?

3. _____   —Bonjour, Nadine! Ça va?
               —Comme ci, comme ça. Et toi, ça va?

SCORE [   ]

IV. Writing

D. You're at a party given by the French club at your school. Write in French the conversation that you might have with someone you meet for the first time. Greet the person and give your name and age. Ask for his or her name and age. Be sure to say goodbye. (10 points)

_____

_____

_____

_____

_____

_____

_____

SCORE [   ]

TOTAL SCORE [   ] /35

Faisons connaissance!

CHAPITRE 1

■ DEUXIEME ETAPE

Maximum Score: 30/100

Grammar and Vocabulary

A. Based on the information below, complete, in English, the report which summarizes the results of a recent survey of your classmates' interests. (10 points)

	n'aime pas	aime	aime mieux	adore
Sophie	les magasins	le cinéma	les maths	l'école
Jules	les examens	le football	la plage	la glace
Marc	le vélo	les concerts	les frites	les escargots
Annick	l'anglais	le français	les vacances	les amis

1. Sophie likes _____ the most.

2. Marc prefers _____ to French fries.

3. Jules prefers football to _____ .

4. Marc doesn't like _____ .

5. The two things that Jules likes the most are _____ and

   _____ .

6. Sophie prefers the movies to _____ .

7. Annick likes _____ the most.

8. The two things that Annick likes the least are _____ and

   _____ .

SCORE [   ]

Quiz 1-2A

B. Yves is being difficult and answers everything you ask him negatively. Write his responses using complete sentences. (8 points)

1. Tu aimes le chocolat?

   _____

2. Tu aimes les frites?

   _____

3. Tu aimes la pizza?

   _____

4. Tu aimes les hamburgers?

   _____

SCORE [   ]

C. Fill in the blanks with the appropriate definite articles. (6 points)

1. _____ concert
2. _____ frite
3. _____ sports
4. _____ escargot
5. _____ hamburgers
6. _____ magasin

SCORE [   ]

D. Paul wants to write to his French pen pal about his interests, but he can't remember all the words he needs. Help him out by filling in the blanks in the sentences below with the words and phrases indicated. (6 points)

1. J'aime _____ , mais je _____ le sport.
   (biking)   *(don't like)*

2. _____ les concerts, mais _____ le cinéma.
   (I really like)   *(I prefer)*

3. J'adore _____ .
   (French)

4. J'aime _____ .
   (stores)

SCORE [   ]

TOTAL SCORE [/30]

Faisons connaissance!

Quiz 1-2B

■ DEUXIEME ETAPE

Maximum Score: 30/100

I. Listening

A. A reporter for the school paper is conducting a survey about teenagers' likes and dislikes. Listen to the following interview, and then circle whether the student likes or dislikes the things illustrated. (10 points)

1. Likes

   Dislikes

2. Likes

   Dislikes

3. Likes

   Dislikes

4. Likes

   Dislikes

5. Likes

   Dislikes

SCORE

II. Reading

B. Fatima Ben Saïd, a reporter for a TV station in Poitiers, is interviewing French teenagers at a fast-food restaurant. Read what the students have to say.

   a. Tell whether the following statements are true or false and write a check mark in the appropriate column on page 8. (5 points)

   «Je m'appelle Miguel et j'ai seize ans. Je n'aime pas la pizza, mais j'adore les frites.»

   «Je m'appelle Thierry et j'ai quatorze ans. J'aime la glace, mais je n'aime pas les frites.»

   «Bonjour. Je m'appelle Nadia. J'ai quatorze ans. J'aime les frites, mais je n'aime pas la pizza.»

   «Je m'appelle Sarah. J'ai quinze ans. J'adore la pizza, mais je n'aime pas la glace.»

Quiz 1-2B

	True	False
1. Miguel is younger than Sarah.	_____	_____
2. Nadia prefers French fries to pizza.	_____	_____
3. Sarah and Thierry share the same likes and dislikes.	_____	_____
4. Thierry likes French fries more than he likes ice cream.	_____	_____
5. Miguel doesn't like pizza.	_____	_____

b. Now answer the following questions in English. (6 points)

6. What food item(s) do two of the teenagers like? _____

7. What food item(s) do two of the teenagers dislike? _____

SCORE [　　]

III. Writing

C. How about you? Write a complete sentence in French, using the cues below to tell what you like, dislike, and prefer in these categories. Use **et** and **mais** to connect your ideas. Remember to use the definite article in your sentences. (9 points)

1. (places) _____

_____

_____

2. (school) _____

_____

_____

3. (sports) _____

_____

_____

SCORE [　　]

TOTAL SCORE [　　] /30

Faisons connaissance!

■ TROISIEME ETAPE

Grammar and Vocabulary

A. Read the letter that Mary's pen pal wrote to her, and then answer, in English, the questions that follow. (10 points)

> *Chère Mary,*
>
> *Bonjour! Ça va? Qu'est-ce que tu aimes faire après l'école? Moi, j'aime sortir avec les copains, mais je n'aime pas parler au téléphone. J'adore faire du sport. J'aime nager, mais j'aime surtout faire de l'équitation. J'aime bien les vacances parce que je n'aime pas étudier.*
>
> > *A bientôt,*
> > *Sylvie*

1. What does Sylvie like to do after school?

_____

2. What activity does Sylvie love?

_____

3. What sport does Sylvie like the most?

_____

4. Which two activities does Sylvie not like to do?

_____

5. Why does Sylvie like vacations?

_____

SCORE [_____]

Quiz 1-3A

B. Complete each of the following sentences with the correct form of the verb in parentheses. (10 points)

1. Chantal _____ (adorer) nager.

2. Paul et Marc _____ (danser) bien.

3. Nous _____ (écouter) de la musique rock.

4. Vous _____ (étudier) le français?

5. Francine et Lise _____ (voyager) beaucoup.

SCORE [   ]

C. Use complete sentences to answer these questions about what you and your friends like to do. Replace the underlined subjects with the correct subject pronoun. (8 points)

1. Gilles aime voyager? _____

2. Annick et Marie aiment danser? _____

3. Est-ce que Sheila et Marc adorent le ski? _____

4. Lucie aime jouer au foot? _____

SCORE [   ]

D. Write in French the activity that is associated with these things. (7 points)

1. cassettes, CDs, boom box _____

2. passport, ticket, suitcases _____

3. horses, saddle, fields _____

4. ballet, tutu, music _____

5. mall, bags, credit card _____

6. baseball bat, tennis shoes, hockey stick _____

7. books, magazines, newspaper _____

SCORE [   ]

TOTAL SCORE [/35]

Nom_____ Classe_____ Date_____

Faisons connaissance!

Quiz 1-3B

■ TROISIEME ETAPE

Maximum Score: 35/100

I. Listening

A. You will hear five students tell you what they like to do. Choose the picture that best illustrates each statement. (10 points)

a. Nicolas **b.** Eric **c.** Christine **d.** Solange **e.** Danielle

1. ____ 2. ____ 3. ____ 4. ____ 5. ____

SCORE _____

II. Reading

B. Some French high school students responded to a survey your class sent to France.

   a. Read the results of the survey and then decide whether the statements that follow it are true or false. (10 points)

	Agathe	Francine	Gérard	Thomas
Chez moi, j'aime bien...				
faire le ménage.				✓
regarder la télé.	✓	✓		✓
écouter de la musique.		✓	✓	✓
En été, j'aime...				
nager.	✓	✓	✓	✓
aller à la plage.	✓	✓	✓	✓
voyager.			✓	✓
Je n'aime pas...				
aller au cinéma.			✓	✓
manger des escargots.			✓	✓
faire du sport.	✓	✓	✓	✓
aller à l'école.	✓		✓	✓

Quiz 1-3B

	True	False
1. Thomas likes to do housework.	_____	_____
2. Gérard doesn't like to swim in the summer.	_____	_____
3. Agathe and Francine like to watch TV.	_____	_____
4. Francine and Thomas don't like to listen to music.	_____	_____
5. Agathe and Francine don't like to go to the movies.	_____	_____

b. Now answer the following questions in English about the survey. (6 points)

6. Which activities does everyone like to do? Give two examples.

_____

_____

7. Which students don't like to go to school?

_____

SCORE [   ]

III. Writing

C. Write a short letter to your new pen pal in France. Tell him or her what you and two of your friends like to do on weekends. Mention at least two things that you all like to do and one thing that your friends like to do but you don't. (9 points)

Cher/Chère _____ ,

_____

_____

_____

_____

_____

_____

A bientôt,

_____

SCORE [   ]

TOTAL SCORE [   ] /35

Faisons connaissance!

Chapter Test

I. Listening

Maximum Score: 30

A. Listen to the following five dialogues in which people are saying hello and good-bye. Mark **a** if they're saying **hello** or **b** if they're saying **good-bye**. (10 points)

1. _____

2. _____

3. _____

4. _____

5. _____

SCORE [   ]

B. Listen to the following conversations. For each one, choose the topic the people are talking about and write the appropriate letter. (10 points)

       a. talking about how they are doing
       b. telling each other their names
       c. asking each other's age
       d. talking about what they like

6. _____

7. _____

8. _____

9. _____

10. _____

SCORE [   ]

Chapter Test

C. Listen as your friend tells you about some of his classmates' likes and dislikes. Write the letter of the picture that best illustrates each person's likes or dislikes. (10 points)

a.

b.

c.

d.

e.

11. _____ Jean-Marc

12. _____ Patrick

13. _____ Arnaud

14. _____ Isabelle

15. _____ Didier

SCORE _____

II. Reading

Maximum Score: 30

D. The French exchange student in your school left a note on your desk. By mistake, you tore it up with some other papers. Piece the sentences back together and write the appropriate letter in the blank. (10 points)

16. _____ Salut! Je...   **a.** et le cinéma.

17. _____ Tu t'appelles...   **b.** m'appelle Denise.

18. _____ Moi, j'ai...   **c.** comment?

19. _____ J'adore les concerts... **d.** quatorze ans.

20. _____ Tu aimes...   **e.** la musique?

SCORE ☐

E. Read the results of a poll of your classmates' likes and dislikes. Then decide whether the sentences that follow are **a) true** or **b) false**. (10 points)

Jennifer	J'adore visiter Paris, Rome et Tokyo.
Bob	Moi, je n'aime pas l'école; j'aime mieux le football.
David	La danse, j'aime ça et j'aime aussi les concerts.
Paul	J'aime parler au téléphone et sortir avec Eric et David.
Diane	J'aime les profs, j'aime les examens et j'aime étudier.

21. _____ Jennifer aime voyager.

22. _____ Paul aime bien sortir avec ses copains.

23. _____ Bob n'aime pas le sport.

24. _____ David aime la musique.

25. _____ Diane n'aime pas l'école.

SCORE ☐

Chapter Test

F. Read these ads for pen pals that appeared in a Canadian magazine. Match the pen pals on the left with those on the right who have similar interests. Write the appropriate letters in the blanks below. (10 points)

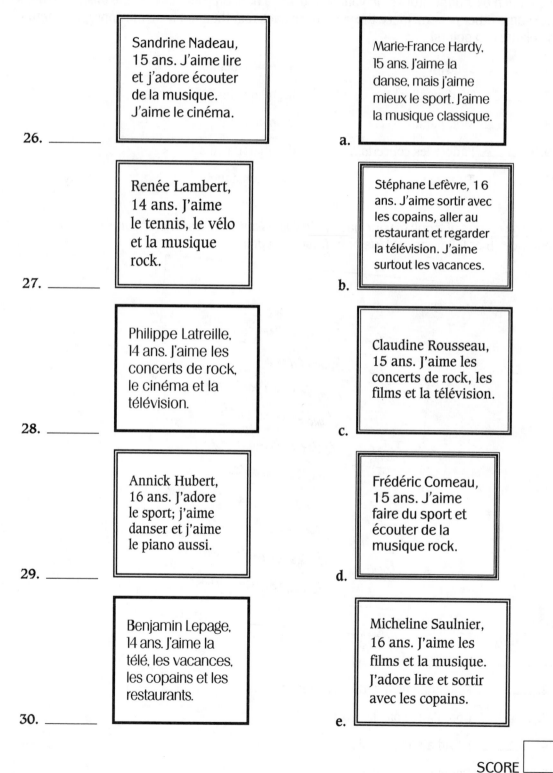

Sandrine Nadeau, 15 ans. J'aime lire et j'adore écouter de la musique. J'aime le cinéma.

26. _____

Marie-France Hardy, 15 ans. J'aime la danse, mais j'aime mieux le sport. J'aime la musique classique.

a.

Renée Lambert, 14 ans. J'aime le tennis, le vélo et la musique rock.

27. _____

Stéphane Lefèvre, 16 ans. J'aime sortir avec les copains, aller au restaurant et regarder la télévision. J'aime surtout les vacances.

b.

Philippe Latreille, 14 ans. J'aime les concerts de rock, le cinéma et la télévision.

28. _____

Claudine Rousseau, 15 ans. J'aime les concerts de rock, les films et la télévision.

c.

Annick Hubert, 16 ans. J'adore le sport; j'aime danser et j'aime le piano aussi.

29. _____

Frédéric Comeau, 15 ans. J'aime faire du sport et écouter de la musique rock.

d.

Benjamin Lepage, 14 ans. J'aime la télé, les vacances, les copains et les restaurants.

30. _____

Micheline Saulnier, 16 ans. J'aime les films et la musique. J'adore lire et sortir avec les copains.

e.

SCORE [ ]

III. Culture

Maximum Score: 12

G. How would your French friend Paul greet the following people at a party? Would he **a) kiss them on the cheek** or **b) shake hands with them?** (6 points)

31. _____ the hostess's co-worker, whom Paul has not met before

32. _____ his cousin Francine

33. _____ the hostess's seventeen-year-old son

SCORE [   ]

H. Choose the words that go with each gesture, and write the letters in the appropriate blanks. (6 points)

a. Salut.   **b.** Pas terrible.   **c.** Super!   **d.** Comme ci, comme ça.   **e.** Au revoir.

34. _____   35. _____   36. _____

SCORE [   ]

CHAPITRE 1

Chapter Test

IV. Writing

Maximum Score: 28

I. Here's a picture that represents all of Mathieu's favorite activities. Based on this picture, write complete sentences in French about three activities that Mathieu likes to do. Then write complete sentences about two activities that Mathieu probably doesn't like to do. (10 points)

_____

_____

_____

_____

_____

_____

_____

_____

_____

SCORE [ ]

J. You've found an ad for a pen pal in a Canadian magazine. Write a letter to introduce yourself. Say hello, give your name and age, mention two activities you like, one activity you really like, and two activities you don't like. Be sure to ask questions to find out your pen pal's age and likes and dislikes. Remember to say good-bye. Use **et** or **mais** to connect your thoughts whenever it's appropriate. (18 points)

*Cher/Chère*_____,

_____

_____

_____

_____

_____

_____

_____

_____

_____

SCORE [ ]

TOTAL SCORE [/100]

Circle the letter that matches the most appropriate response.

I. Listening
Maximum Score: 30

A. (10 points)

1. a b
2. a b
3. a b
4. a b
5. a b

SCORE [   ]

B. (10 points)

6. a b c d
7. a b c d
8. a b c d
9. a b c d
10. a b c d

SCORE [   ]

C. (10 points)

11. a b c d e
12. a b c d e
13. a b c d e
14. a b c d e
15. a b c d e

SCORE [   ]

II. Reading
Maximum Score: 30

D. (10 points)

16. a b c d e
17. a b c d e
18. a b c d e
19. a b c d e
20. a b c d e

SCORE [   ]

E. (10 points)

21. a b
22. a b
23. a b
24. a b
25. a b

SCORE [   ]

F. (10 points)

26. a b c d e
27. a b c d e
28. a b c d e
29. a b c d e
30. a b c d e

SCORE [   ]

III. Culture
Maximum Score: 12

G. (6 points)

31. a b
32. a b
33. a b

SCORE [   ]

H. (6 points)

34. a b c d e
35. a b c d e
36. a b c d e

SCORE [   ]

CHAPITRE 1

IV. Writing

Maximum Score: 28

I. (10 points)

_____

_____

_____

_____

_____

_____

SCORE [   ]

J. (18 points)

*Cher/Chère*_____,

_____

_____

_____

_____

_____

_____

_____

_____

_____

_____

_____

_____

SCORE [   ]

TOTAL SCORE [/100]

Quiz 1-1B Première étape

I. Listening

1. Bonjour. Je m'appelle Aurélie et j'ai quinze ans.
2. Moi, je m'appelle Denise et j'ai dix-sept ans.
3. Je m'appelle Sylvie et j'ai dix-huit ans.
4. Bonjour. Je m'appelle Christophe et j'ai vingt ans.
5. Salut. Je m'appelle Mathieu et j'ai douze ans.

Quiz 1-2B Deuxième étape

I. Listening

REPORTER	Bonjour! Comment tu t'appelles?
STUDENT	Salut! Je m'appelle Stéphanie.
REPORTER	Tu aimes l'école?
STUDENT	Oui, j'aime bien l'école, mais je n'aime pas les examens.
REPORTER	Comme cours, tu préfères l'anglais ou le français?
STUDENT	J'aime mieux le français.
REPORTER	Et le sport, tu aimes?
STUDENT	Oui. Moi, j'adore le football et le vélo.
REPORTER	Et au café, tu aimes les frites et la glace?
STUDENT	Non, je n'aime pas la glace et je n'aime pas les frites non plus. Je préfère la pizza.

Quiz 1-3B Troisième étape

I. Listening

1. J'adore faire les magasins.
2. J'aime faire le ménage.
3. J'aime bien faire de l'équitation.
4. J'aime dormir.
5. Moi, j'aime sortir avec les copains.

ANSWERS Quiz 1-1A

A. (5 points: 1 point per item)
1. Ça va
2. Pas mal
3. Et toi
4. Il s'appelle
5. A tout à l'heure

B. (5 points: 1 point per item)
1. très bien
2. bof
3. comme ci, comme ça
4. pas terrible
5. ça va

C. (10 points: 1 point per item)
1. douze   6. sept
2. neuf   7. treize
3. quatre   8. dix-huit
4. cinq   9. vingt
5. quatorze   10. onze

D. (5 points: 1 point per item)
1. Bonjour
2. Salut
3. Bonjour
4. Bonjour
5. Salut

E. (10 points: 2 points per item)
Answers will vary. Possible answers:
1. Salut.
2. Pas mal.
3. Je m'appelle...
4. J'ai ... ans.
5. A bientôt.

ANSWERS Quiz 1-1B

I. Listening (10 points: 2 points per item)
  A. 1. c
     2. c
     3. e
     4. b
     5. e

II. Reading (9 points: 3 points per item)
  B. 1. how I am
     2. my name
     3. my age

III. Culture (6 points: 2 points per item)
  C. 1. c
     2. a
     3. b

IV. Writing (10 points)
  D. Answers will vary. Possible answers:
    — Bonjour! Je m'appelle Nicole. Et toi?
    — Bonjour! Je m'appelle David.
    — Tu as quel âge?
    — J'ai quinze ans. Et toi?
    — J'ai seize ans.
    — Au revoir.
    — Salut.

ANSWERS Quiz 1-2A

A. (10 points: 1 point per item)
1. school
2. snails
3. exams
4. biking
5. beach; ice cream
6. stores
7. friends
8. English; French

B. (8 points: 2 points per item)
1. Non, je n'aime pas le chocolat.
2. Non, je n'aime pas les frites.
3. Non, je n'aime pas la pizza.
4. Non, je n'aime pas les hamburgers.

C. (6 points: 1 point per item)

1. le	4. l'
2. la	5. les
3. les	6. le

D. (6 points: 1 point per item)
1. le vélo; n'aime pas
2. J'aime bien/J'adore; je préfère
3. le français
4. les magasins

ANSWERS Quiz 1-2B

I. Listening (10 points: 2 points per item)
A. 1. likes
2. dislikes
3. likes
4. likes
5. dislikes

II. Reading
B. a. (5 points: 1 point per item)
1. false
2. true
3. false
4. false
5. true

b. (6 points: 3 points per item)
6. French fries
7. pizza

III. Writing (9 points: 3 points per item)
C. Answers will vary. Possible answers:
1. J'aime le cinéma et la plage.
2. Je n'aime pas les maths, mais j'aime le français.
3. Je n'aime pas le football et le ski.

Answers to Quizzes 1-3A and 1-3B • Chapitre 1

ANSWERS Quiz 1-3A

A. (10 points: 2 points per item)
1. go out with friends
2. sports
3. horseback riding
4. talking on the phone and studying
5. because she doesn't like to study

B. (10 points: 2 points per item)
1. adore
2. dansent
3. écoutons
4. étudiez
5. voyagent

C. (8 points: 2 points per item)
Answers will vary. Possible answers:
1. Oui, il aime voyager.
2. Non, elles n'aiment pas danser.
3. Oui, ils adorent le ski.
4. Oui, elle aime jouer au foot.

D. (7 points: 1 point per item)
1. écouter de la musique
2. voyager
3. faire de l'équitation
4. danser
5. faire les magasins
6. faire du sport
7. lire

ANSWERS Quiz 1-3B

I. Listening (10 points: 2 points per item)
A. 1. d
2. e
3. a
4. c
5. b

II. Reading
B. (10 points: 2 points per item)
1. true
2. false
3. true
4. false
5. false

(6 points: 3 points per item)
6. go to the beach, swim
7. Agathe, Gérard, Thomas

III. Writing (9 points)
C. Answers will vary. Possible answer:
Cher Antoine,
J'aime bien sortir avec les copains. Daniel, Sophie et moi, nous aimons faire du sport et faire les magasins. Daniel et Sophie aiment danser, mais moi, je n'aime pas danser. Je préfère lire. Et toi?

A bientôt,
Anne

Scripts for Chapter Test • Chapitre 1

I. Listening

A. 1. — Bonjour, Marie-Josée.
        — Bonjour, Madame Labarre.
    2. — Tchao, Julie.
        — A tout à l'heure, Jean.
    3. — Salut, Sophie.
        — Salut, Sébastien. Ça va?
    4. — Au revoir, Mademoiselle Maillet.
        — Au revoir, David.
    5. — A tout à l'heure, Jean.
        — Salut, Corinne.

B. 6. — Tu as quel âge, toi?
        — Quatorze ans. Et toi?
        — Moi, j'ai treize ans.
    7. — Bonjour. Je m'appelle Anne Leclerc. Et toi?
        — Moi, je m'appelle Jean Duval.
    8. — Qu'est-ce que tu aimes faire après l'école?
        — J'aime regarder la télé.
        — Moi, j'aime écouter de la musique avec des copains.
    9. — Salut! Ça va?
        — Très bien. Et toi?
        — Pas terrible.
   10. — Moi, j'aime bien la plage. Et toi?
        — J'aime mieux le ski.

C. 11. Jean-Marc adore le cinéma.
   12. Et Patrick, il aime bien le vélo.
   13. Arnaud n'aime pas faire le ménage.
   14. Isabelle? Elle aime faire les magasins.
   15. Et Didier, il aime bien écouter de la musique.

Answers to Chapter Test • Chapitre 1

I. Listening   Maximum Score: 30 points

A. (10 points: 2 points per item)
1. a
2. b
3. a
4. b
5. b

B. (10 points: 2 points per item)
6. c
7. b
8. d
9. a
10. d

C. (10 points: 2 points per item)
11. b
12. c
13. a
14. d
15. e

II. Reading   Maximum Score: 30 points

D. (10 points: 2 points per item)
16. b
17. c
18. d
19. a
20. e

E. (10 points: 2 points per item)
21. a
22. a
23. b
24. a
25. b

F. (10 points: 2 points per item)
26. e
27. d
28. c
29. a
30. b

III. Culture   Maximum Score: 12 points

G. (6 points: 2 points per item)
31. b
32. a
33. b

H. (6 points: 2 points per item)
34. c
35. b
36. d

IV. Writing   Maximum Score: 28 points

I. (10 points: 2 points per item)
Answers will vary. Possible answers:
Mathieu aime nager.
Il aime le français.
Il aime écouter de la musique.
Il n'aime pas faire de l'équitation.
Il n'aime pas faire le ménage.

J. (18 points)
Answers will vary. Possible answers:
Cher Gaston,
Bonjour, comment ça va? Je m'appelle Anne et
j'ai quinze ans. Et toi, tu as quel âge? J'aime
beaucoup le français et l'anglais. Et toi? J'adore
nager, mais je n'aime pas étudier. Tu aimes faire
du sport? Je n'aime pas faire le ménage! Et toi?
                    A bientôt,
                    Anne

CHAPITRE 2

Vive l'école!

■ PREMIERE ETAPE

Grammar and Vocabulary

A. Tell what class you associate with each of the following people and things. (10 points)

> la chimie   la danse   l'espagnol   l'EPS   l'histoire   le latin
> l'informatique   la géométrie   le DPS   l'algèbre

1. Napoléon Bonaparte _____

2. Señora Sanchez _____

3. Football _____

4. $3x - y = 18$ _____

5. FORTRAN _____

6. H_2O _____

7. E pluribus unum _____

8. First aid kit _____

9. Triangle _____

10. Modern ballet _____   SCORE [   ]

B. Circle the subject that doesn't belong in each category. (5 points)

1. l'allemand
   la physique
   la chimie
   la biologie

2. l'histoire
   la géométrie
   l'algèbre
   les mathématiques

3. l'espagnol
   la chorale
   l'anglais
   le latin

4. le football
   la physique
   le volley
   le basket

5. la musique
   la danse
   les arts plastiques
   le DPS

SCORE [   ]

CHAPITRE 2

Quiz 2-1A

C. You and your friend Marie-Thérèse are talking about your likes and dislikes. Using the expressions from the box below write an appropriate response to each of her questions and comments. Use each expression only once. (5 points)

Pas moi.   Moi, si.   Moi non plus.   Moi aussi.   Non, pas trop.

1. Je n'aime pas les arts plastiques. _____
2. Je n'aime pas la chimie. _____
3. J'adore la danse. _____
4. Tu n'aimes pas la pizza? _____
5. Moi, j'adore le latin, et toi? _____

SCORE _____

D. Answer affirmatively to each of the following questions, using complete sentences. (10 points)

1. Tu aimes la biologie?

_____

2. Julien n'aime pas le chocolat?

_____

3. Joël et Lise, vous n'aimez pas les maths?

_____

4. Les élèves aiment le français?

_____

5. Elles n'aiment pas l'école?

_____

SCORE _____

TOTAL SCORE _____ /30

Vive l'école!

■ PREMIÈRE ÉTAPE

Maximum Score: 30/100

I. Listening

A. Nathalie and Michel are talking about their classes. Listen to their conversation and decide whether the statements that follow are **true** or **false.** Place a check mark in the appropriate blank. (10 points)

	True	False
1. Michel doesn't have geography this morning.	___	___
2. Nathalie doesn't like English.	___	___
3. Michel loves Spanish and dance.	___	___
4. Nathalie doesn't like math.	___	___
5. Michel prefers natural science to geometry.	___	___

SCORE [   ]

II. Reading

B. Your classmates were surveyed to find out which subjects everyone likes and dislikes. Read the summary of their responses and then decide if the statements that follow are **true** or **false**. (10 points)

	AURELIE	CELINE	GERARD
1. Vous aimez l'informatique?			
a. Oui, beaucoup!	√		√
b. Non, pas trop.		√	
2. Je n'aime pas la chimie. Et toi?			
a. Moi, si.		√	√
b. Moi, non plus.	√		
3. Vous aimez l'anglais?			
a. Oui, beaucoup!	√		
b. Non, pas trop.		√	√
4. J'adore l'allemand. Et toi?			
a. Moi, aussi!	√	√	√
b. Pas moi.			

CHAPITRE 2

Quiz 2-1B

Place a check mark in the appropriate blank.

	True	False
1. Aurélie and Gérard both like English.	_____	_____
2. None of the students surveyed likes German.	_____	_____
3. Gérard likes all of these subjects.	_____	_____
4. Céline and Gérard both like chemistry.	_____	_____
5. Céline doesn't like computer science.	_____	_____

SCORE [   ]

III. Writing

C. According to the pictures, what do these students like? Use complete sentences in your answers. (10 points)

1. Julien et Eric 2. Nathalie 3. Marie et Anne 4. Guillaume 5. Karine

1. _____

_____

2. _____

_____

3. _____

_____

4. _____

_____

5. _____

_____

SCORE [   ]

TOTAL SCORE [/30]

CHAPITRE 2

Vive l'école!

■ DEUXIEME ETAPE

Maximum Score: 35/100

Grammar and Vocabulary

A. André and Marie are discussing their class schedule. Fill in the missing parts of their conversation, choosing from the box below. (4 points)

vous avez	nous avons	quels cours	j'ai

André   Tu as **(1)** _____ l'après-midi?

Marie   **(2)** _____ histoire et anglais. Et toi et Paul,

   (3) _____ anglais?

André   Oui, **(4)** _____ anglais avec Madame Smith.

Marie   Bon, à demain en cours d'anglais!

André   A demain.

SCORE _____

B. Look at the calendar and write which day of the week each date would be. (7 points)

S E P T E M B R E						
L	M	M	J	V	S	D
		1	2	3	4	5
6	7	8	9	10	11	12
13	14	15	16	17	18	19
20	21	22	23	24	25	26
27	28	29	30			

1. le seize   _____

2. le premier   _____

3. le vingt-six   _____

4. le treize   _____

5. le vingt-quatre _____

6. le quatorze   _____

7. le vingt-cinq   _____

SCORE _____

C. At what times does each of the buses leave? Write out the times in French. (4 points)

1.	Paris	9:00	_____
2.	Tours	4:15	_____
3.	Caen	14:22	_____
4.	Nice	19:45	_____

SCORE _____

Quiz 2-2A

D. Match these French words with their English equivalents. (8 points)

_____ 1. le déjeuner   **a.** break

_____ 2. le matin   **b.** afternoon

_____ 3. aujourd'hui   **c.** study hall

_____ 4. l'après-midi   **d.** lunch

_____ 5. la récréation   **e.** tomorrow

_____ 6. maintenant   **f.** morning

_____ 7. la sortie   **g.** dismissal

_____ 8. l'étude   **h.** now

     i. today   SCORE ☐

E. Complete each sentence using the correct form of **avoir**. (6 points)

1. Le lundi, nous _____ espagnol.

2. Cet après-midi, j' _____ chimie.

3. Guy et Aurélie _____ arts plastiques demain à 14h00.

4. Tu _____ latin mercredi et vendredi?

5. Vous _____ sciences nat le matin?

6. Luc _____ allemand maintenant.   SCORE ☐

F. Write out the numbers of the buses you'd need to take to go to the various places listed. (6 points)

1.	54 Lyon	_____
2.	32 Paris	_____
3.	49 Tours	_____
4.	21 Lourdes	_____
5.	48 Poitiers	_____
6.	55 Grenoble	_____

SCORE ☐

TOTAL SCORE ☐ **/35**

Nom _____ Classe _____ Date _____

Vive l'école!

▪ DEUXIEME ETAPE

Maximum Score: 35/100

I. Listening

A. Virginie and Patrice are talking about their classes. As you listen to their conversation, select the classes that Patrice has at the following times. (10 points)

1. 9h00 _____
2. 10h15 _____
3. 14h00 _____
4. 15h00 _____
5. 16h15 _____

a. Math
b. End of classes
c. French
d. Physics
e. German

SCORE _____

II. Reading

B. Look at Stéphanie Lambert's schedule. Then answer the questions that follow in English. (10 points)

EMPLOI DU TEMPS   NOM: Stéphanie Lambert   CLASSE: 3e

		LUNDI	MARDI	MERCREDI	JEUDI	VENDREDI	SAMEDI	DIMANCHE
MATIN	8h00	Allemand	Arts plastiques	Mathématiques	Mathématiques	Français		L
	9h00	Français	Arts plastiques	Anglais	Sciences nat	Français	Anglais	I
	10h00	Récréation	Récréation	Récréation	Récréation	Récréation	TP physique	
	10h15	EPS	Allemand	Français	EPS	Sciences nat	TP physique	
	11h15	Sciences nat	Etude	Histoire/Géo	Etude	Arts plastiques	[Sortie]	B
	12h15	Déjeuner	Déjeuner	[Sortie]	Déjeuner	Déjeuner		R
APRES-MIDI	14h00	Histoire/Géo	Mathématiques	APRES-MIDI	Histoire/Géo	Allemand	APRES-MIDI	E
	15h00	Anglais	Physique/Chimie	LIBRE!	Physique/Chimie	Mathématiques	LIBRE!	
	16h00	Récréation	[Sortie]		Récréation	[Sortie]		!!
	16h15	Mathématiques			Arts plastiques			
	17h15	[Sortie]			[Sortie]			

1. How are her Wednesday and Saturday schedules similar? _____
2. How many times a week does she have German? _____
3. On which days does she not have art class? _____
4. How many languages does she study? _____
5. How many times a week does she have a study period? _____

SCORE _____

Quiz 2-2B

III. Culture

C. Match the following times with the clocks below. (5 points)

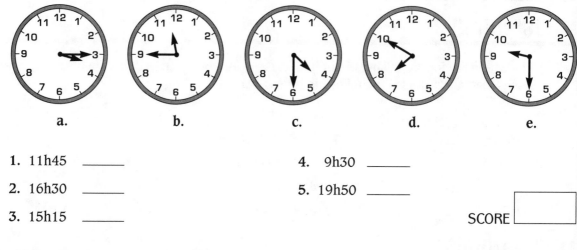

a.   b.   c.   d.   e.

1. 11h45 _____   4. 9h30 _____

2. 16h30 _____   5. 19h50 _____

3. 15h15 _____

SCORE [   ]

IV. Writing

D. Look back at Stephanie's schedule for **mardi.** In French, write what she has on Tuesdays at the times indicated. Use complete sentences and write out the words for the time expressions. (10 points)

1. 8h00 _____

_____

2. 10h15 _____

_____

3. 11h15 _____

_____

4. 12h15 _____

_____

5. 14h00 _____

_____

SCORE [   ]

TOTAL SCORE [   ] /35

CHAPITRE 2

Vive l'école!

■ TROISIEME ETAPE

Maximum Score: 35/100

Grammar and Vocabulary

A. Circle the item that does not belong with the others because of its meaning. (10 points)

1. génial
   zéro
   intéressant
   passionnant

2. difficile
   pas terrible
   pas mal
   nul

3. facile
   nul
   zéro
   barbant

4. cool
   super
   difficile
   génial

5. bof
   comme ci, comme ça
   cool
   pas mal

SCORE _____

B. Place the words and expressions listed below in the appropriate categories. Use each word once. (15 points)

facile   super   bof   intéressant   passionnant   pas super   pas génial   nul   comme ci, comme ça   zéro   pas mal   barbant   génial   cool   pas terrible

To express a favorable opinion	To express indifference	To express an unfavorable opinion
_____	_____	_____
_____	_____	_____
_____	_____	_____
_____	_____	_____
_____	_____	_____

SCORE _____

Quiz 2-3A

C. Tell what each of these students might say about the class he or she received this grade for. Remember the French system is based on a scale of 0-20. (4 points)

_____ 1. Marc   18/20   **a.** C'est difficile!   **b.** C'est facile!

_____ 2. Odile   10/20   **a.** C'est pas terrible!   **b.** C'est génial!

_____ 3. Sophia   7/20   **a.** C'est barbant!   **b.** C'est passionnant!

_____ 4. Guy   20/20   **a.** C'est zéro!   **b.** C'est super!

SCORE [_____]

D. Tell whether these students **L) like** or **D) dislike** their classes. (6 points)

1. C'est passionnant, la géographie!   _____

2. Le français, c'est super!   _____

3. C'est nul, la chimie!   _____

4. La biologie, c'est très intéressant!   _____

5. C'est barbant, les maths!   _____

6. La chorale, c'est génial!   _____

SCORE [_____]

TOTAL SCORE [_____] /35

Vive l'école!

TROISIEME ETAPE

Maximum Score: 35/100

I. Listening

A. Listen to a newspaper editor interview Marc and Nicole. Decide whether they like or dislike each subject and circle the appropriate answers. (6 points)

1. Marc **likes / dislikes** algebra.

2. Marc **likes / dislikes** geometry.

3. Nicole **likes / dislikes** math.

4. Nicole **likes / dislikes** chemistry.

5. Marc **likes / dislikes** Latin.

6. Marc **likes / dislikes** English.

SCORE

II. Reading

B. Read Laurent's letter telling about his first day of class. Then answer the questions in English. (15 points)

Chère Nadine,
Salut! Ça va? Ça te plaît, le lycée?
J'aime bien mes cours. J'adore l'allemand
et le latin, c'est passionnant! Mais
l'informatique, c'est difficile. Et
l'algèbre, c'est nul. C'est pas intéressant.
Les maths, tu aimes? Moi, j'aime mieux les
sciences nat. La biologie, c'est génial et
c'est facile. J'ai chorale l'après-midi.
C'est cool! Et toi? Comment tu trouves
tes cours?

A bientôt,
Laurent

1. What does he think about his classes in general?

_____

_____

_____

2. What does he think of math? Why?

_____

_____

_____

3. Based on his likes, write three professions that Laurent might be best suited for.

_____

_____

_____

Quiz 2-3B

4. What subject does he find difficult?

_____

5. What does he think about his language classes?

_____

SCORE [ ]

III. Culture

C. From what you've learned about the French grading system, match the grade on the left with the appropriate comment on the right. (4 points)

1. 5 _____   **a.** Comme ci, comme ça.

2. 11 _____   **b.** Excellent!

3. 14 _____   **c.** Bien!

4. 18 _____   **d.** Pas super.   SCORE [ ]

IV. Writing

D. Your neighbor's niece Sandrine, who is visiting from France, is curious about American school schedules and what teenagers here like to do. Write a conversation in which you tell her about three classes you have, at what times, and what you think of them. Also tell her at least two activities that you and your friends like to do together. (10 points)

_____

_____

_____

_____

_____

_____

_____

_____

SCORE [ ]

TOTAL SCORE [/35]

CHAPITRE 2

Vive l'école!

I. Listening

Maximum Score: 30

A. Listen as Claudine tells you at what times she has her classes. Choose the picture that illustrates each class she talks about. (10 points)

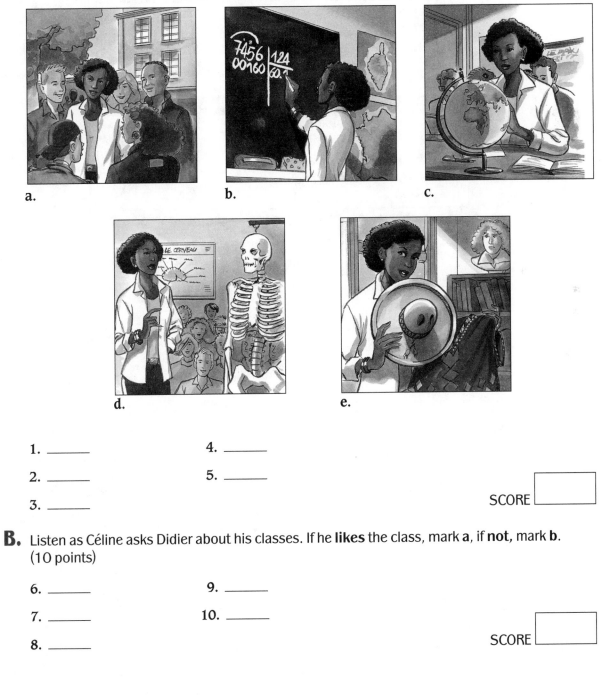

a.

b.

c.

d.

e.

1. _____   4. _____

2. _____   5. _____

3. _____   SCORE [ ]

B. Listen as Céline asks Didier about his classes. If he **likes** the class, mark **a**, if **not**, mark **b**. (10 points)

6. _____   9. _____

7. _____   10. _____

8. _____   SCORE [ ]

Chapter Test

C. Listen to two students discussing the times their classes meet on Thursdays and Fridays. Mark **a** if they're talking about **Thursday** or **b** if they're talking about **Friday.** (10 points)

EMPLOI DU TEMPS   CLASSE: 3e

		JEUDI	VENDREDI
MATIN	8h00	Mathématiques	Français
	9h00	Sciences nat	Français
	10h00	**Récréation**	**Récréation**
	10h15	EPS	Sciences nat
	11h15	**Etude**	Arts plastiques
	12h15	**Déjeuner**	**Déjeuner**
APRES-MIDI	14h00	Histoire/Géo	Allemand
	15h00	Physique/Chimie	Mathématiques
	16h00	**Récréation**	**[Sortie]**
	16h15	Arts plastiques	
	17h15	**[Sortie]**	

11. _____

12. _____

13. _____

14. _____

15. _____

SCORE _____

CHAPITRE 2

II. Reading

Maximum Score: 30

D. Read this letter from Marie-France to her pen pal Claire. Choose the answer that best completes each statement. (10 points)

> *Chère Claire,*
>
> *Je m'appelle Marie-France Le Brun. Je suis très contente de t'écrire. J'ai seize ans et je suis en seconde au lycée. J'aime surtout les langues au lycée; le français, bien sûr, l'anglais, l'allemand, mais je n'aime pas les maths. Je suis nulle en maths! Et toi? Je vais passer le Bac L; c'est difficile. Le mardi, j'ai anglais à 8h, français à 9h et allemand à 14h. Imagine! Mais c'est ma journée préférée. J'ai aussi arts plastiques. C'est génial!*
>
> > *Ecris-moi vite!*
> > *Marie-France*

16. Marie-France does not like . . .
    a. English.
    b. German.
    c. math.

17. She studies at least . . .
    a. two languages.
    b. three languages.
    c. four languages.

18. She will be taking a test to . . .
    a. become a math teacher.
    b. travel a lot.
    c. to go on to a university.

19. She likes . . .
    a. Tuesdays.
    b. Wednesdays.
    c. Mondays.

20. She enjoys . . .
    a. plastic toys.
    b. long journeys.
    c. art class.

SCORE [ ]

CHAPITRE 2

Chapter Test

E. According to Eliane's schedule, decide whether the statements that follow are **a) true** or **b) false.** (10 points)

EMPLOI DU TEMPS

NOM: Eliane Soulard   **CLASSE:** 3e

		LUNDI	MARDI	MERCREDI	JEUDI	VENDREDI	SAMEDI	DIMANCHE
MATIN	8h00	Anglais	Arts plastiques	Histoire/Géo	Mathématiques	Musique		L
	8h45	Français	Musique	Anglais	Sciences nat	Arts plastiques	Anglais	I
	9h45	Récréation	Récréation	Récréation	Récréation	Récréation	TP physique	B
	10h00	EPS	Mathématiques	Sciences nat	EPS	Sciences nat	TP physique	R
	11h00	Sciences nat	Etude	Arts plastiques	Etude	Français	[Sortie]	E
APRES-MIDI	12h00	Déjeuner	Déjeuner	[Sortie]	Déjeuner	Déjeuner	APRES-MIDI	
	13h30	Arts plastiques	Mathématiques	**APRES-MIDI**	Histoire/Géo	Physique	LIBRE	
	14h15	Musique	Physique	**LIBRE!**	Phys/Chimie	Anglais		
	15h15	Récréation	[Sortie]		Récréation	[Sortie]		
	15h45	Mathématiques			Français			
	16h45	[Sortie]			[Sortie]			

21. _____ She has math four times a week.

22. _____ She has break at the same time every day except Saturday.

23. _____ She has physics and English on Friday afternoons.

24. _____ She finishes at the same time on Tuesdays and Thursdays.

25. _____ She studies three languages.

SCORE _____

F. Now, look at Eliane's schedule for **lundi** and decide whether the statements that follow are **a) true** or **b) false**. (10 points)

26. _____ Eliane a sciences nat à douze heures.

27. _____ Elle a musique à quinze heures quinze.

28. _____ Elle a physique à dix heures.

29. _____ Elle n'a pas récréation à quatorze heures quinze.

30. _____ Elle a français à huit heures quarante-cinq.

SCORE _____

Chapter Test

III. Culture

Maximum Score: 10

G. Read the following statements about the French school system and decide whether they're **a) true** or **b) false**. (10 points)

31. _____ Students in France enter the **collège** at the age of 10 or 11.

32. _____ The last year of the **lycée** is called **première**.

33. _____ Students of math and science aren't required to pass the **bac**.

34. _____ Students spend the final year of the **lycée** preparing for the **bac**.

35. _____ **Lycée** students in France usually go to school on Saturday morning.

SCORE _____

IV. Writing

Maximum Score: 30

H. Serge and Blondine, two French-speaking students, are discussing their likes and dislikes about activities and schoolwork. Complete their conversation logically, using the appropriate expressions. (10 points)

— Salut, Serge! _____ ?

— Pas mal, et toi, Blondine?

— _____ . J'ai un examen cet après-midi.

— Ah, oui? Quel cours?

— Les maths. C'est _____ . J'aime mieux la chimie. Et toi?

— _____ ! Je déteste la chimie! C'est _____ !

— Et les examens, comment tu trouves ça?

— C'est _____ . Mais, j'aime beaucoup l'école!

— _____ , j'aime l'école. C'est _____ . Mais,

   je déteste étudier.

— Attention, Blondine! Tu as l'examen à quelle heure?

— Cet après-midi, à _____ ! Eh bien, tchao, Serge!

— _____ , Blondine! Bon courage!

SCORE _____

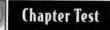

Chapter Test

I. You're going to survey your classmates about which subjects they like and dislike. Write five questions to ask them. (10 points)

_____

_____

_____

_____

_____

_____

_____

SCORE [   ]

J. You've received a letter from your French pen pal asking about your school schedule. Write a letter, telling him or her about some of your classes and activities and how you feel about them. Ask about your pen pal's schedule. (10 points)

Cher/Chère _____ ,

_____

_____

_____

_____

_____

_____

_____

À bientôt,

_____

SCORE [   ]

TOTAL SCORE [/100]

CHAPITRE 2 Chapter Test Score Sheet

Circle the letter that matches the most appropriate response.

I. Listening
Maximum Score: 30

A. (10 points)

1. a b c d e
2. a b c d e
3. a b c d e
4. a b c d e
5. a b c d e

SCORE [   ]

B. (10 points)

6. a b
7. a b
8. a b
9. a b
10. a b

SCORE [   ]

C. (10 points)

11. a b
12. a b
13. a b
14. a b
15. a b

SCORE [   ]

II. Reading
Maximum Score: 30

D. (10 points)

16. a b c
17. a b c
18. a b c
19. a b c
20. a b c

SCORE [   ]

E. (10 points)

21. a b
22. a b
23. a b
24. a b
25. a b

SCORE [   ]

F. (10 points)

26. a b
27. a b
28. a b
29. a b
30. a b

SCORE [   ]

CHAPITRE 2

III. Culture
Maximum Score: 10

G. (10 points)

31. a b
32. a b
33. a b
34. a b
35. a b

SCORE [   ]

IV. Writing

H. (10 points)

— Salut, Serge! _____ ?

— Pas mal, et toi, Blondine?

— _____ . J'ai un examen cet après-midi.

— Ah, oui? Quel cours?

— Les maths. C'est _____ . J'aime mieux la chimie. Et toi?

— _____ ! Je déteste la chimie! C'est _____ !

— Et les examens, comment tu trouves ça?

— C'est _____ . Mais, j'aime beaucoup l'école!

— _____ , j'aime l'école. C'est _____ . Mais, je déteste étudier.

— Attention, Blondine! Tu as l'examen à quelle heure?

— Cet après-midi, à _____ ! Eh bien, tchao, Serge!

— _____ , Blondine! Bon courage!

SCORE [   ]

I. (10 points)

_____

_____

_____

_____

_____

_____

SCORE [   ]

J. (10 points)

Cher/Chère _____ ,

_____

_____

_____

_____

_____

À bientôt,

_____

SCORE [   ]

TOTAL SCORE [   ] **/100**

Quiz 2-1B Première étape

I. Listening

NATHALIE	Salut, Michel! J'ai géographie ce matin, et toi?
MICHEL	Moi, j'ai anglais. J'adore. Tu aimes l'anglais?
NATHALIE	Oui, beaucoup, mais j'aime mieux l'espagnol et la danse. Et toi?
MICHEL	Non, pas trop. Je préfère le sport et je n'aime pas les maths.
NATHALIE	Moi, si. J'adore la géométrie.
MICHEL	Pas moi. J'aime mieux les sciences naturelles.

Quiz 2-2B Deuxième étape

I. Listening

VIRGINIE	Salut, Patrice. Tu as allemand maintenant?
PATRICE	Non, il est neuf heures, alors, j'ai français.
VIRGINIE	Et tu as allemand à quelle heure?
PATRICE	A dix heures quinze.
VIRGINIE	Moi, j'ai mathématiques à dix heures quinze. Et toi, tu as maths à quelle heure?
PATRICE	J'ai maths à quatorze heures et après, j'ai physique à quinze heures. La sortie, c'est à seize heures quinze. C'est super!

Quiz 2-3B Troisième étape

I. Listening

INTERVIEWER	Marc, ça te plaît l'algèbre?
MARC	C'est pas terrible. Moi, je préfère la géométrie.
INTERVIEWER	Et toi, Nicole, comment tu trouves ça, les maths?
NICOLE	Oh, c'est barbant! J'aime mieux le cours de chimie, c'est génial!
INTERVIEWER	Dis, Marc, comment tu trouves le cours de latin?
MARC	C'est nul. Le cours d'anglais, ça, c'est difficile aussi. Je n'aime pas!

ANSWERS Quiz 2-1A

A. (10 points: 1 point per item)
1. l'histoire
2. l'espagnol
3. l'EPS
4. l'algèbre
5. l'informatique
6. la chimie
7. le latin
8. le DPS
9. la géométrie
10. la danse

B. (5 points: 1 point per item)
1. l'allemand
2. l'histoire
3. la chorale
4. la physique
5. le DPS

C. (5 points: 1 point per item)
Answers may vary. Possible answers:
1. Moi, si.
2. Moi non plus.
3. Moi aussi.
4. Non, pas trop.
5. Pas moi.

D. (10 points: 2 points per item)
1. Oui, j'aime la biologie.
2. Si, Julien aime le chocolat.
3. Si, nous aimons les maths.
4. Oui, les élèves aiment le français.
5. Si, elles aiment l'école.

ANSWERS Quiz 2-1B

I. Listening (10 points: 2 points per item)
A. 1. true
2. false
3. false
4. false
5. true

II. Reading (10 points: 2 points per item)
B. 1. false
2. false
3. false
4. true
5. true

III. Writing (10 points: 2 points per item)
C. Answers will vary. Possible answers:
1. Julien et Eric aiment le football.
2. Nathalie aime la chorale.
3. Marie et Anne aiment la danse.
4. Guillaume aime la géographie.
5. Karine aime la chimie.

CHAPITRE 2

ANSWERS Quiz 2-2A

A. (4 points: 1 point per item)
1. quels cours
2. J'ai
3. vous avez
4. nous avons

B. (7 points: 1 point per item)
1. jeudi
2. mercredi
3. dimanche
4. lundi
5. vendredi
6. mardi
7. samedi

C. (4 points: 1 point per item)
1. neuf heures
2. quatre heures quinze
3. quatorze heures vingt-deux
4. dix-neuf heures quarante-cinq

D. (8 points: 1 point per item)
1. d
2. f
3. i
4. b
5. a
6. h
7. g
8. c

E. (6 points: 1 point per item)
1. avons
2. ai
3. ont
4. as
5. avez
6. a

F. (6 points: 1 point per item)
1. cinquante-quatre
2. trente-deux
3. quarante-neuf
4. vingt et un
5. quarante-huit
6. cinquante-cinq

ANSWERS Quiz 2-2B

I. Listening (10 points: 2 points per item)
- **A.**
  1. c
  2. e
  3. a
  4. d
  5. b

II. Reading (10 points: 2 points per item)
- **B.**
  1. She has the afternoon free, and/or she has English at 9:00 in the morning.
  2. Three
  3. On Mondays, Wednesdays, and Saturdays
  4. Three—English, French, and German
  5. Twice—Tuesdays and Thursdays at 11:15

III. Culture (5 points: 1 point per item)
- **C.**
  1. b
  2. c
  3. a
  4. e
  5. d

IV. Writing (10 points: 2 points per item)
- **D.**
  1. Elle a arts plastiques à huit heures.
  2. Elle a allemand à dix heures quinze.
  3. Elle a étude à onze heures quinze.
  4. Elle a déjeuner à douze heures quinze.
  5. Elle a mathématiques à quatorze heures.

ANSWERS Quiz 2-3A

A. (10 points: 2 points per item)
1. zéro
2. pas mal
3. facile
4. difficile
5. cool

B. (15 points: 1 point per item)
to express a favorable opinion:
génial
intéressant
passionnant
facile
cool
super

To express indifference:
pas mal
comme ci, comme ça
bof

To express an unfavorable opinion:
zéro
pas super
pas terrible
pas génial
nul
barbant

C. (4 points: 1 point per item)
1. b
2. a
3. a
4. b

D. (6 points: 1 point per item)
1. L
2. L
3. D
4. L
5. D
6. L

ANSWERS Quiz 2-3B

I. Listening (6 points: 1 point per item)
A. 1. dislikes
2. likes
3. dislikes
4. likes
5. dislikes
6. dislikes

II. Reading (15 points: 3 points per item)
B. 1. He thinks they're great.
2. He doesn't like math; he doesn't think it's interesting.
3. Possible answers: translator, doctor, musician
4. Computer Science
5. He likes languages.

III. Culture (4 points: 1 point per item)
C. 1. d
2. a
3. c
4. b

IV. Writing (10 points)
D. Answers will vary. Possible answers:
SANDRINE: Salut! Tu as quel cours aujourd'hui?
STUDENT: Le matin, j'ai informatique à neuf heures et histoire à dix heures quinze. C'est super! L'aprèm, j'ai arts plastiques. C'est pas terrible! J'aime mieux les maths.
SANDRINE: Le week-end, tu aimes sortir avec les copains?
STUDENT: Oui. Nous aimons aller au cinéma et faire les magasins.

CHAPITRE 2

Scripts for Chapter Test • Chapitre 2

I. Listening

    A. 1. A huit heures, j'ai géographie.
          2. A neuf heures trente-cinq, j'ai maths.
          3. J'ai récréation à onze heures cinquante.
          4. A quatorze heures cinq, j'ai un cours d'espagnol.
          5. J'ai biologie à seize heures vingt.

    B. 6. CELINE Salut, Didier. Tu as quoi maintenant?
               DIDIER J'ai musique. J'adore!
          7. CELINE Tu aimes la physique?
               DIDIER Non, pas trop.
          8. CELINE Et après, tu as quoi?
               DIDIER Les arts plastiques, c'est génial!
          9. CELINE J'aime le français. Et toi?
               DIDIER Moi aussi, c'est super intéressant.
        10. CELINE Ça te plaît, la géo?
               DIDIER Mais non, c'est nul, la géo.

    C. 11. — Tu as quoi à huit heures?
              — J'ai maths.
        12. — On a physique à quinze heures, n'est-ce pas?
              — Oui, c'est cool.
        13. — On a français à huit heures et à neuf heures! Ça te plaît?
              — Mais non, c'est nul.
        14. — On a étude à quelle heure?
              — A onze heures quinze.
        15. — Tu as allemand aujourd'hui?
              — Oui, à quatorze heures.

Answers to Chapter Test • Chapitre 2

I. Listening   Maximum Score: 30 points

A. (10 points: 2 points per item)
1. c
2. b
3. a
4. e
5. d

B. (10 points: 2 points per item)
6. a
7. b
8. a
9. a
10. b

C. (10 points: 2 points per item)
11. a
12. a
13. b
14. a
15. b

II. Reading   Maximum Score: 30 points

D. (10 points: 2 points per item)
16. c
17. b
18. c
19. a
20. c

E. (10 points: 2 points per item)
21. a
22. b
23. a
24. b
25. b

F. (10 points: 2 points per item)
26. b
27. b
28. b
29. a
30. a

III. Culture   Maximum Score: 10 points

G. (10 points: 2 points per item)
31. a
32. b
33. b
34. a
35. a

IV. Writing   Maximum Score: 30 points

H. (10 points)
Answers will vary. Possible answers:
— Salut, Serge! Ça va?
— Pas mal, et toi, Blondine?
— <u>Pas terrible</u>. J'ai un examen cet après-midi.
— Ah, oui? Quel cours?
— Les maths. C'est <u>barbant</u>. J'aime mieux la chimie. Et toi?
— Pas moi! Je déteste la chimie! C'est <u>nul</u>!
— Et les examens, comment tu trouves ça?
— C'est <u>difficile</u>. Mais, j'aime beaucoup l'école!
— <u>Moi aussi</u>, j'aime l'école. C'est <u>cool</u>. Mais, je déteste étudier.
— Attention, Blondine! Tu as l'examen à quelle heure?
— Cet après-midi, à <u>quatorze heures</u>! Eh bien, tchao, Serge!
— <u>Au revoir</u>, Blondine! Bon courage!

I. (10 points: 2 points per item)
Answers will vary. Possible answers:
1. Tu aimes les maths?
2. Comment tu trouves la biologie?
3. Tu aimes les langues?
4. Tu aimes l'histoire?
5. Comment tu trouves les sciences nat.?

J. (10 points)
Answers will vary. Possible answer:
Cher Paul,
Comment ça va? Le lycée, c'est difficile. J'ai maths à 8h. Je n'aime pas beaucoup ça. Mais à 9h, j'ai allemand. C'est super. L'aprèm, j'ai sport. J'adore! Jeudi, j'ai anglais à 11h. C'est intéressant, mais je n'aime pas le prof. Tu as quels cours le mardi? Tu aimes les langues?
A bientôt,
Marie

Tout pour la rentrée

Quiz 3-1A

■ PREMIERE ETAPE

Maximum Score: 35/100

Grammar and Vocabulary

A. What items would you need to do each of these tasks? Use each item only once. (5 points)

des règles   des classeurs   des gommes   des calculatrices
   des trousses   des livres   des stylos

1. to draw a triangle in geometry class _____

2. to read _____

3. to hold pens and pencils _____

4. to add a column of numbers _____

5. to organize your class notes _____

SCORE [   ]

B. You've forgotten to bring a lot of things to school today. Unfortunately, none of your friends has the supplies you need. Write their responses to your questions using complete sentences. (10 points)

1. Tu as un stylo, Jean-Claude?

   _____

2. Vous avez des feuilles de papier, Marie et Bertrand?

   _____

3. Tu as une calculatrice, Pauline?

   _____

4. Vous avez des crayons, Michel et Moira?

   _____

5. Tu as des cahiers, Raoul?

   _____

SCORE [   ]

Quiz 3-1A

C. Complete the conversation between Corinne and Gaël with the appropriate indefinite articles. (10 points)

CORINNE   Qu'est-ce que tu as dans ton sac, Gaël?

GAEL   Ben... j'ai **(1)** _____ cahiers, **(2)** _____ crayon, **(3)** _____

classeur, **(4)** _____ trousse et **(5)** _____ calculatrice, mais je n'ai

pas **(6)** _____ stylos. Et toi?

CORINNE   Moi, j'ai **(7)** _____ livres et **(8)** _____ stylos, mais je n'ai pas

(9) _____ gomme. Ah! J'ai aussi **(10)** _____ règle.

SCORE [____]

D. Your French host mother has volunteered to shop for school supplies for you and three of your friends. Since her English is not very good, you're helping her translate all the lists into French. (10 points)

Steven:
an eraser
a pencil sharpener

_____

_____

Madeleine:
a backpack
a pencil case
a loose-leaf binder

_____

_____

_____

Jenny:
a notebook
a calculator
sheets of paper

_____

_____

_____

You:
a ruler
a book

_____

_____

SCORE [____]

TOTAL SCORE [/35]

Tout pour la rentrée

■ PREMIERE ETAPE

I. Listening

A. Nadège and her friend Renaud are discussing what they have in their bookbags. Listen to their conversation and write the letters that correspond to the four items that each of them has. (8 points)

a. un cahier   **b.** une calculatrice   **c.** un crayon   **d.** des feuilles de papier
e. une gomme   **f.** un livre   **g.** une règle   **h.** des stylos
i. un taille-crayon   **j.** une trousse

NADEGE: 1. _____   2. _____   3. _____   4. _____

RENAUD: 1. _____   2. _____   3. _____   4. _____

SCORE [   ]

II. Reading

B. Read the advertisements for **La Papeterie Simonet** and **Pépin-Elève.** Then answer the questions that follow in English based on the advertisements. (12 points)

Faites confiance à un spécialiste

**LA
PAPETERIE
SIMONET**

Depuis 1886

STYLOS - CADEAUX

MONTRES - CALCULATRICES

IMPRIMERIE - PHOTOCOPIES

41, avenue Mozart
75004 Paris - (01)42.36.87.34
Catalogues sur demande

Pépin-Elève

Nous avons tout ce qu'il vous faut pour la rentrée...

Papier à lettres
Calculatrices (programmables/traductrices)
Cahiers, classeurs, chemises
Portefeuilles, trousses

1166 rue des Papalines 75008 PARIS

1. If you wanted to buy a pen, which store would you go to?

_____

2. If you needed a binder, which store would you choose?

_____

3. What item(s) do both stores mention in their advertisements?

_____

CHAPITRE 3

4. Which store specializes in back-to-school items?

_____

5. You would like a translating calculator for your French class. Which store would you go to?

_____

6. Which store provides a catalogue upon request?

_____

SCORE ☐

III. Culture

C. 1. Would the following statements apply more to shopping in France or to shopping in the United States? (3 points)

	Shopping in France	Shopping in U.S.
a. Many shoppers are expected to bag their own purchases.	_____	_____
b. Browsing is allowed in most stores.	_____	_____
c. Most items and their prices are on display in store windows.	_____	_____

2. For what purpose would French shoppers use a **panier** or a **filet?** (2 points)

_____
_____

SCORE ☐

IV. Writing

D. Edouard has forgotten his supplies for math class. He asks his friend Paul for what he needs. Paul has some of the items, but not all of them. Write their conversation. Be sure to include at least eight lines. (10 points)

_____
_____
_____
_____
_____
_____
_____
_____
_____

SCORE ☐

TOTAL SCORE ☐ /35

CHAPITRE **3**

Tout pour la rentrée

 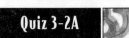
■ DEUXIEME ETAPE

Maximum Score: 30/100

Grammar and Vocabulary

A. Match these French words with their English equivalents. (3 points)

_____ 1. des baskets

_____ 2. des montres

_____ 3. des romans

_____ 4. des ordinateurs

_____ 5. des portefeuilles

_____ 6. des disques compacts

a. CDs
b. novels
c. posters
d. sneakers
e. dictionaries
f. computers
g. cassette tapes
h. wallets
i. watches

SCORE [____]

B. Complete the following sentences, choosing from the words in the box below. (6 points)

un jean   des baskets   un magazine   une télévision   une radio

un ordinateur   un poster   une vidéocassette

1. Je voudrais acheter _____ pour écouter de la musique.

2. Je voudrais acheter _____ pour faire du sport.

3. Je voudrais acheter _____ pour faire les devoirs.

4. Je voudrais acheter _____ pour regarder *Monday Night Football*®.

5. J'adore lire! Je voudrais acheter _____ .

6. Il me faut _____ de Paris pour ma chambre *(room)*.

SCORE [____]

CHAPITRE 3

Quiz 3-2A

C. Janine and Rosalie are shopping at a department store. Complete their conversation with the appropriate demonstrative adjectives. (7 points)

JANINE   Regarde (1) _____ short, Rosalie. Il est super, non?

ROSALIE   Oui, mais je préfère (2) _____ jean-là.

JANINE   Qu'est-ce qu'il te faut pour l'école?

ROSALIE   Il me faut (3) _____ montre, (4) _____ roman et

(5) _____ cassettes. Et toi?

JANINE   Il me faut (6) _____ ordinateur et (7) _____

dictionnaire pour le cours de français.

SCORE ☐

D. Your friend is trying to order some school supplies from a French store's catalogue on the Internet. Since his French is not as good as yours, help him out by completing the order list for him. Be sure to make the colors agree with the nouns they're describing. (14 points)

Il me faut des tee-shirts (1) _____ *(black)*, une montre

(2) _____ *(white)*, des stylos (3) _____ *(blue)*, une

trousse (4) _____ *(purple)*, des baskets (5) _____ *(brown)*,

deux radios (6) _____ *(grey)* et des taille-crayons (7) _____

(yellow).

SCORE ☐

TOTAL SCORE ☐ /30

Nom _____ Classe _____ Date _____

Tout pour la rentrée

■ DEUXIEME ETAPE

Maximum Score: 30/100

I. Listening

A. Listen as Matthias talks to Irène about what he wants to buy in a department store. Then tell whether the following statements are **a) true** or **b) false.** (10 points)

1. _____ Matthias prefers the white watch.

2. _____ He wants to buy an orange T-shirt.

3. _____ Matthias wants to buy black jeans.

4. _____ Matthias wants to buy green sneakers.

5. _____ Irene likes the pink jeans.

SCORE _____

II. Reading

B. Read about the interests of Philippe, Claire, Christine, Jean-Luc, and Marc. Then choose the appropriate gift for each one from among the items pictured. (10 points)

a.

b.

c.

d.

e.

Quiz 3-2B

1. _____ Philippe adore les livres et il lit beaucoup. Ce qu'il aime surtout, c'est les livres de science-fiction.

2. _____ Claire est très sportive. Elle fait du sport tous les jours, surtout du basket.

3. _____ Pauvre Christine! Elle n'aime pas les maths. Je vais lui acheter...

4. _____ Jean-Luc adore voyager. Il aime surtout la France. Je vais lui acheter...

5. _____ Marc passe des heures dans sa chambre à écouter de la musique. Il aime surtout le rock.

SCORE [   ]

III. Writing

C. Your school is having a "clash day" in which everyone wears mismatched clothing. Tell the sales clerk at the store at least five items of clothing and/or accessories you'd like to buy. Use the appropriate demonstrative adjective for each item and be sure to specify the colors. (10 points)

_____

_____

_____

_____

_____

_____

_____

_____

_____

SCORE [   ]

TOTAL SCORE [/30]

CHAPITRE 3

Tout pour la rentrée

■ TROISIEME ETAPE

Maximum Score: 35/100

Grammar and Vocabulary

A. Enter the correct price on each of these price tags. (10 points)

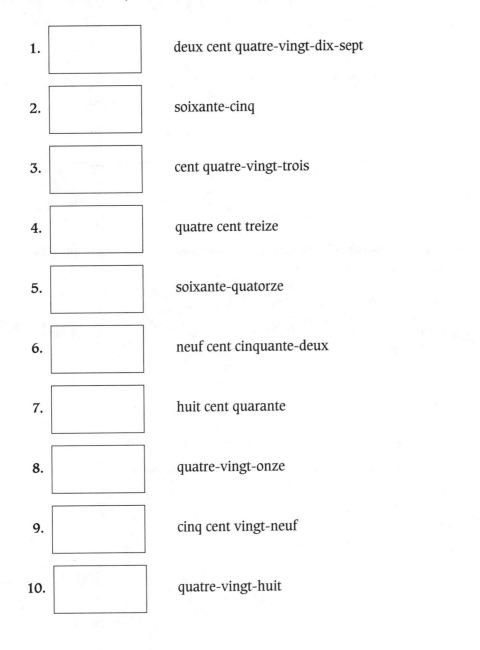

1. [____]   deux cent quatre-vingt-dix-sept

2. [____]   soixante-cinq

3. [____]   cent quatre-vingt-trois

4. [____]   quatre cent treize

5. [____]   soixante-quatorze

6. [____]   neuf cent cinquante-deux

7. [____]   huit cent quarante

8. [____]   quatre-vingt-onze

9. [____]   cinq cent vingt-neuf

10. [____]   quatre-vingt-huit

SCORE [____]

CHAPITRE 3

Quiz 3-3A

B. Write out these numbers in French. (20 points)

1. 679 _____
2. 999 _____
3. 373 _____
4. 185 _____
5. 201 _____
6. 91 _____
7. 600 _____
8. 517 _____
9. 232 _____
10. 794 _____

SCORE [   ]

C. Complete the conversation between Joséphine and the salesperson using the appropriate expressions from the box below. (5 points)

C'est   Merci   C'est combien

A votre service   Excusez-moi   Comment tu trouves

JOSEPHINE   (1) _____ , madame.

(2) _____ , ce classeur-là?

SALESPERSON (3) _____ dix francs.

JOSEPHINE   (4) _____ , madame.

SALESPERSON (5) _____ .

SCORE [   ]

TOTAL SCORE [   ] /35

CHAPITRE 3

Tout pour la rentrée

■ TROISIEME ETAPE

Maximum Score: 35/100

I. Listening

A. You will hear five shoppers asking salespeople for prices. Listen carefully to the prices. If each shopper had only 60 F, would the person be able to buy the item mentioned? If 60 F is enough, mark **a) yes**, if not, mark **b) no.** (10 points)

1. _____

2. _____

3. _____

4. _____

5. _____

SCORE [   ]

II. Reading

B. Anne just finished shopping for things she needed for school. Compare her shopping list with the receipt for her purchases. Then answer the questions that follow in English. (10 points)

Il me faut :

un classeur

une trousse

une règle

un stylo

un compas

un sac à dos

18-07-99	6875
LIBRAIRIE-PAPETERIE LACOMBE	
REGLE GRADUEE	5,50
STYLO PLUME	28,50
GOMME CAOUTCH	3,30
DICT FRANÇAIS	256,70
TAILLE-CRAY MET	2,00
CLASSEUR	17,00
COMPAS POINT S.	23,00
TOTAL	336,00
REÇU	400,00
RENDU	64,00
07 ARTI	15:50TM

1. Which item(s) on her shopping list did Anne forget to buy?

_____

2. Which item(s) did Anne buy that were not on her list?

_____

_____

3. What was the most expensive item Anne bought?

_____

4. What was the least expensive item she bought?

_____

5. If Anne wanted to buy another binder, would she have enough money with the change she received?

_____

SCORE [   ]

CHAPITRE 3

Quiz 3-3B

III. Culture

C. Read each of these statements about French money. Then decide if each statement is **a) true** or **b) false.** (5 points)

1. _____ The French unit of currency is the franc.

2. _____ The monetary unit of Belgium is the Belgian franc.

3. _____ Many African countries use the C.F.A.

4. _____ Coins are not commonly used in France.

5. _____ The pictures of famous French sportsmen appear on the bills.   SCORE _____

IV. Writing

D. You're a salesperson at *Bric-à-Brac,* the local store near campus that carries school supplies. Write a conversation between you and a customer who needs two items for school and three personal items. The customer wants specific colors for two of the items. Tell the customer how much the items cost. You don't have one of the items that the customer needs. Remember to be polite! (10 points)

_____

_____

_____

_____

_____

_____

_____

_____

_____

_____

_____

_____

_____

SCORE _____

TOTAL SCORE _____ /35

CHAPITRE

3

Tout pour la rentrée

I. Listening

Maximum Score: 30

A. Look at the picture of Christophe's and Annick's desks below. Listen to what their friends ask them and decide whether Christophe or Annick would respond **a) Oui, voilà** or **b) Non, je regrette** based on what they have on their desks. (10 points)

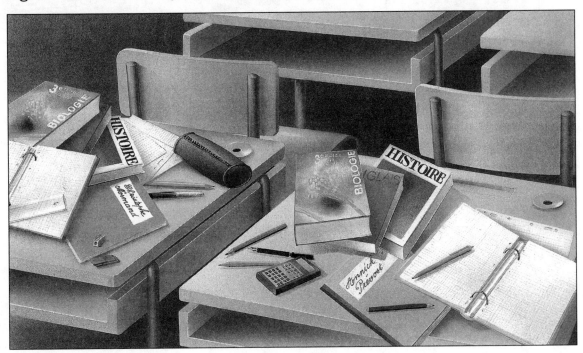

1. _____

2. _____

3. _____

4. _____

5. _____

SCORE [____]

CHAPITRE 3

Chapter Test

B. A group is taking a poll of what shoppers are buying in a shopping mall. Listen to the people being interviewed. Then match the speakers with the items they want to buy. (10 points)

a.

b.

c.

d.

e.

6. _____

7. _____

8. _____

9. _____

10. _____   SCORE [ ]

C. You will hear a series of advertisements that include prices. For each advertisement, select the price you hear from the list below. (10 points)

a. 15 F   **b.** 169 F   **c.** 99 F   **d.** 55 F   **e.** 43 F

11. _____

12. _____

13. _____

14. _____

15. _____   SCORE [ ]

CHAPITRE 3

II. Reading

Maximum Score: 30

D. Look at the ads below. Then decide whether the statements that follow are **a) true** or **b) false.** (10 points)

299F
Montre de plongée analogique et digitale. Etanche à 100 mètres. Chronographe, fonction tachymètre. Couronne rotative avec indication du temps de plongée. Bracelet acier 20 cm.

59,50F
Portefeuille léger et résistant, 65% polyester et 35% coton. Quatre poches pour vos cartes et documents, une grande poche pour les billets. Couleurs : noir et gris, blanc et rouge, vert et jaune.

165F
Sac shopping, 35x10x30 cm, 65% polyester et 35% coton. Couleurs : bleu, blanc, rouge. Faites les magasins avec élégance!

35F
Classeur, 21x29,7 cm. Des couleurs géniales pour ranger vos feuilles : violet, indigo, mauve, arc-en-ciel, etc.!

195F
Sac à dos très léger et très solide, 65% polyester et 35% coton. Pour l'école comme pour le camping! Couleurs : bleu denim, kaki ou camouflage.

45F
Stylo plume de grand style, écrivez élégamment et confortablement! Plume et clip de capuchon en or. Couleurs : noir, vert jade, bordeaux ou transparent.

120F
Calculatrice, 8 chiffres, 4 opérations, fonctions : mémoire, %, √. Garantie un an. Des couleurs super : bleu ciel, rose bonbon, vert pomme, rouge groseille!

---

16. _____ Binders are the cheapest items shown.

17. _____ The backpack is more expensive than the shopping bag.

18. _____ This ad features watches.

19. _____ If you had 100 F, you could purchase a pen and a wallet.

20. _____ This ad features binders, calculators, and pencils.

SCORE [____]

CHAPITRE 3

Chapter Test

E. Arrange the conversation below in the most logical order by marking the first sentence as **a**, the next as **b**, and so on. (10 points)

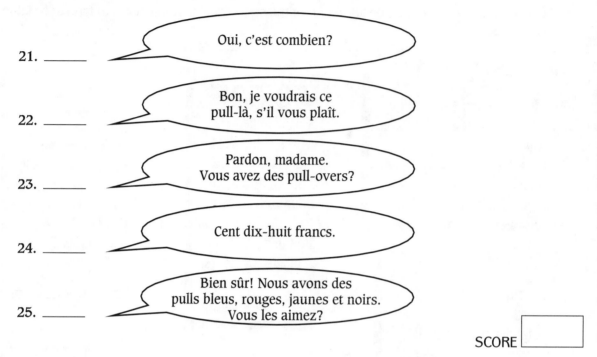

21. _____   Oui, c'est combien?

22. _____   Bon, je voudrais ce pull-là, s'il vous plaît.

23. _____   Pardon, madame. Vous avez des pull-overs?

24. _____   Cent dix-huit francs.

25. _____   Bien sûr! Nous avons des pulls bleus, rouges, jaunes et noirs. Vous les aimez?

SCORE [＿＿＿]

F. Paul is making sure he has everything he needs for the first day of school. Read his schedule for Tuesday. Then decide for which of his classes he needs the following supplies. (10 points)

	MARDI	
a.	8h	Mathématiques
b.	9h	Anglais
c.	10h15	Arts plastiques
d.	11h15	Histoire
e.	14h	EPS

26. _____ Il me faut des crayons de couleur, des crayons noirs et une gomme.

27. _____ Pour cette classe, il me faut un compas, une calculatrice et une règle.

28. _____ Tout ce qu'il me faut, c'est des baskets et une tenue de gymnastique.

29. _____ Alors, il me faut un cahier, un stylo et un dictionnaire.

30. _____ Il me faut un stylo, un classeur et des feuilles de papier.

SCORE [＿＿＿]

CHAPITRE 3

Chapter Test

III. Culture
Maximum Score: 10

G. Read the following statements and decide if they are **a) true** or **b) false.** (10 points)

31. _____ In France, shoppers place their items on the conveyer belt themselves and also bag them.

32. _____ People in France don't take baskets or shopping bags with them to the store.

33. _____ A store specializing in school supplies, stationery, and books is called a **librairie-papeterie.**

34. _____ Students in France are always provided with their books by the school.

35. _____ Many countries in Africa use the **C.F.A. (Communauté financière africaine)** as their monetary unit.

SCORE [   ]

IV. Writing
Maximum Score: 30

H. You're studying for a year in France as part of an exchange program. You still need a lot of things before school starts. Your French aunt, Josette, has generously offered to buy you the necessary supplies. Write her a letter telling what you need. Your wish list should include a computer, some novels, a dictionary, at least three articles of clothing, and three school supplies. (15 points)

Chère tante Josette,

_____

_____

_____

_____

_____

_____

_____

_____

_____

_____

_____

À bientôt,

_____

SCORE [   ]

Chapter Test

I. You're on a trip to Quebec. You want to buy a souvenir or two, but you only have $15 left. Create a conversation with the salesperson in which you get the salesperson's attention, ask how much something costs, and make a selection, specifying the color. Be sure to use the demonstrative adjective in your conversation. (15 points)

_____
_____
_____
_____
_____
_____
_____
_____
_____
_____
_____

SCORE ☐

TOTAL SCORE ☐ /100

Circle the letter that matches the most appropriate response.

I. Listening

Maximum Score: 30

A. (10 points)

1. a b
2. a b
3. a b
4. a b
5. a b

SCORE [____]

B. (10 points)

6. a b c d e
7. a b c d e
8. a b c d e
9. a b c d e
10. a b c d e

SCORE [____]

C. (10 points)

11. a b c d e
12. a b c d e
13. a b c d e
14. a b c d e
15. a b c d e

SCORE [____]

II. Reading

Maximum Score: 30

D. (10 points)

16. a b
17. a b
18. a b
19. a b
20. a b

SCORE [____]

E. (10 points)

21. a b c d e
22. a b c d e
23. a b c d e
24. a b c d e
25. a b c d e

SCORE [____]

F. (10 points)

26. a b c d e
27. a b c d e
28. a b c d e
29. a b c d e
30. a b c d e

SCORE [____]

III. Culture

Maximum Score: 10

G. (10 points)

31. a b
32. a b
33. a b
34. a b
35. a b

SCORE [____]

CHAPITRE 3

IV. Writing

Maximum Score: 30

H. (15 points)

Chère tante Josette,

_____

_____

_____

_____

_____

_____

_____

_____

_____

A bientôt,

_____

SCORE [   ]

I. (15 points)

_____

_____

_____

_____

_____

_____

_____

_____

SCORE [   ]

TOTAL SCORE [/100]

Allez, viens! Level 1, Chapter 3

CHAPITRE 3

Quiz 3-1B Première étape

I. Listening

NADEGE   Moi, j'ai des stylos, mais je n'ai pas de trousse. Et toi?

RENAUD   Moi si, j'ai une trousse, mais je n'ai pas de stylo et il me faut un crayon et des feuilles de papier.

NADEGE   Moi, j'ai un crayon mais il me faut une calculatrice et une règle pour les maths.

RENAUD   J'ai une règle mais je n'ai pas de calculatrice. Tu as un taille-crayon et une gomme?

NADEGE   Zut! Je n'ai pas de taille-crayon mais j'ai une gomme.

RENAUD   Oh, j'ai un taille-crayon et des feuilles de papier!

NADEGE   Et la calculatrice est dans mon sac!

Quiz 3-2B Deuxième étape

I. Listening

MATTHIAS   Je voudrais acheter un jean, un tee-shirt, des baskets et une montre.

IRENE   Tiens! Voilà des montres. J'aime bien cette montre blanche, et toi?

MATTHIAS   Moi aussi, mais j'aime mieux cette montre noire.

IRENE   Oh, regarde ces tee-shirts jaunes, super!

MATTHIAS   Pas terribles! Je préfère ces tee-shirts orange. Je voudrais aussi ce jean-là.

IRENE   Tu aimes ce jean rose?

MATTHIAS   Oui, beaucoup. C'est génial avec ces baskets vertes! Tu aimes le jean?

IRENE   Non, pas trop.

Quiz 3-3B Troisième étape

I. Listening

1. — Excusez-moi, monsieur. C'est combien, ce sac à dos rouge?
   — Vingt-sept francs cinquante.
   — Merci.
   — A votre service.
2. — Cette montre, c'est combien, s'il vous plaît?
   — Soixante et onze francs.
   — Merci beaucoup.
3. — Pardon, madame.
   — Oui?
   — C'est combien, ce bracelet?
   — Cent francs trente.
4. — C'est quarante francs quatre-vingts, ce portefeuille-là?
   — Non, c'est quatre-vingt-dix francs.
   — Merci.
   — A votre service.
5. — Bonjour. C'est combien, ces baskets?
   — Cinquante-neuf francs vingt-cinq.
   — Merci, monsieur.

ANSWERS Quiz 3-1A

A. (5 points: 1 point per item)
1. des règles
2. des livres
3. des trousses
4. des calculatrices
5. des classeurs

B. (10 points: 2 points per item)
1. Non, je n'ai pas de stylo.
2. Non, nous n'avons pas de feuilles de papier.
3. Non, je n'ai pas de calculatrice.
4. Non, nous n'avons pas de crayons.
5. Non, je n'ai pas de cahiers.

C. (10 points: 1 point per item)
1. des
2. un
3. un
4. une
5. une
6. de
7. des
8. des
9. de
10. une

D. (10 points: 1 point per item)
Steven: une gomme, un taille-crayon

Madeleine: un sac à dos, une trousse, un classeur

Jenny: un cahier, une calculatrice, des feuilles de papier

You: une règle, un livre

ANSWERS Quiz 3-1B

I. Listening (8 points: 1 point per item)
A. NADEGE: h, c, e, b
RENAUD: j, g, i, d

II. Reading (12 points: 2 points per item)
B. 1. La Papeterie Simonet
2. Pépin-Elève
3. calculators
4. Pépin-Elève
5. Pépin-Elève
6. La Papeterie Simonet

III. Culture (5 points)
C. 1. (3 points: 1 point per item)

	Shopping in France	Shopping in U.S.
a. Many shoppers are expected to bag their own purchases.	X	
b. Browsing is allowed in most stores.		X
c. Most items and their prices are on display in store windows.	X	

2. (2 points)
Answers may vary. Possible answer: Shoppers use a **panier** or a **filet** to bag their purchases.

IV. Writing (10 points)
D. Answers will vary. Possible answer:
— Il me faut un crayon pour les maths. Tu as un crayon?
— Oui, voilà.
— Tu as une calculatrice et une règle?
— Je n'ai pas de calculatrice, mais j'ai une règle.
— Tu as un taille-crayon?
— Non, je regrette. Je n'ai pas de taille-crayon.
— Et des feuilles de papier?
— Oui, voilà.

ANSWERS Quiz 3-2A

A. (3 points: 1/2 point per item)

1. d	4. f
2. i	5. h
3. b	6. a

B. (6 points: 1 point per item)
1. une radio
2. des baskets
3. un ordinateur
4. une télévision
5. un magazine
6. un poster

C. (7 points: 1 point per item)

1. ce	5. ces
2. ce	6. cet
3. cette	7. ce
4. ce	

D. (14 points: 2 points per item)
1. noirs
2. blanche
3. bleus
4. violette
5. marron
6. grises
7. jaunes

ANSWERS Quiz 3-2B

I. Listening (10 points: 2 points per item)

A. 1. b
   2. a
   3. b
   4. a
   5. b

II. Reading (10 points: 2 points per item)

B. 1. d
   2. c
   3. b
   4. e
   5. a

III. Writing (10 points)

C. Answers will vary. Possible answer:
Je voudrais acheter ce jean vert, ce tee-shirt orange, ce pull-over jaune, ces baskets noires et cette montre bleue.

CHAPITRE 3

ANSWERS Quiz 3-3A

A. (10 points: 1 point per item)
1. 297
2. 65
3. 183
4. 413
5. 74
6. 952
7. 840
8. 91
9. 529
10. 88

B. (20 points: 2 points per item)
1. six cent soixante-dix-neuf
2. neuf cent quatre-vingt-dix-neuf
3. trois cent soixante-treize
4. cent quatre-vingt-cinq
5. deux cent un
6. quatre-vingt-onze
7. six cents
8. cinq cent dix-sept
9. deux cent trente-deux
10. sept cent quatre-vingt-quatorze

C. (5 points: 1 point per item)
1. Excusez-moi
2. C'est combien
3. C'est
4. Merci
5. A votre service

ANSWERS Quiz 3-3B

I. Listening (10 points: 2 points per item)
A. 1. a
2. b
3. b
4. b
5. a

II. Reading (10 points: 2 points per item)
B. 1. pencil case, backpack
2. eraser, dictionary, pencil sharpener
3. dictionary
4. pencil sharpener
5. yes

III. Culture (5 points: 1 point per item)
C. 1. a
2. a
3. a
4. b
5. b

IV. Writing (10 points)
D. Answers will vary. Possible answer:

CUSTOMER:	Pardon, monsieur. C'est combien, cette trousse?
SALESPERSON:	Dix-sept francs.
CUSTOMER:	Et ce classeur jaune-là?
SALESPERSON:	C'est quinze francs cinquante.
CUSTOMER:	Il me faut aussi un portefeuille, une montre noire et des baskets.
SALESPERSON:	Voilà le portefeuille et les baskets. Je regrette, mais je n'ai pas de montre.
CUSTOMER:	C'est combien, ces baskets et ce portefeuille?
SALESPERSON:	C'est cent francs vingt.
CUSTOMER:	Merci.
SALESPERSON:	A votre service.

I. Listening

A. 1. — Annick, tu as des feuilles de papier?
    2. — Christophe, tu as une gomme?
    3. — Christophe, tu as une calculatrice?
    4. — Annick, tu as des stylos?
    5. — Christophe, tu as une trousse?

B. 6. — Je suis toujours en retard! Je voudrais une montre.
    7. — Mon portefeuille est très vieux. Je voudrais en acheter un autre.
    8. — Moi, j'adore faire les magasins. Aujourd'hui, je voudrais acheter un jean.
    9. — J'ai beaucoup de travail au lycée. Donc, je voudrais acheter un ordinateur.
    10. — J'aime beaucoup la musique, surtout Vanessa Paradis. Je voudrais acheter un disque compact.

C. 11. — Incroyable! Calculatrices à partir de cent soixante-neuf francs!
   12. — Super affaire! Quinze francs, les crayons de couleur!
   13. — Quel prix sensationnel! A partir de quarante-trois francs la trousse!
   14. — C'est phénoménal, les sacs à dos en cuir à quatre-vingt-dix-neuf francs!
   15. — A partir de cinquante-cinq francs seulement, les compas!

Answers to Chapter Test • Chapitre 3

I. Listening   Maximum Score: 30 points

A. (10 points: 2 points per item) **B.** (10 points: 2 points per item) **C.** (10 points: 2 points per item)

1. a	6. d	11. b
2. a	7. e	12. a
3. b	8. b	13. e
4. a	9. c	14. c
5. a	10. a	15. d

II. Reading   Maximum Score: 30 points

D. (10 points: 2 points per item) **E.** (10 points: 2 points per item) **F.** (10 points: 2 points per item)

16. a	21. c	26. c
17. a	22. e	27. a
18. a	23. a	28. e
19. b	24. d	29. b
20. b	25. b	30. d

III. Culture   Maximum Score: 10 points

G. (10 points: 2 points per item)

31. a
32. b
33. a
34. b
35. a

IV. Writing   Maximum Score: 30 points

H. (15 points)

Answers will vary. Possible answer:

Chère tante Josette,

Il me faut un ordinateur et une calculatrice pour le cours
de maths. Pour le cours d'anglais, il me faut un dictionnaire,
un classeur et des feuilles de papier. Il me faut des romans
pour le cours de français. Pour le sport, il me faut des baskets
rouges, un short noir et un sweat-shirt blanc. Merci.

A bientôt,

_____

I. (15 points)

Answers will vary. Possible answer:

— Pardon, madame. Vous avez des tee-shirts?
— Oui, nous avons des tee-shirts blancs et des tee-shirts rouges.
— C'est combien?
— Quatorze dollars.
— Bon, je voudrais acheter ce tee-shirt rouge, s'il vous plaît.

CHAPITRE 3

CHAPITRE 4

Sports et passe-temps

Quiz 4-1A

Maximum Score: 35/100

■ PREMIERE ETAPE

Grammar and Vocabulary

A. Group the following activities under the appropriate categories below. Use each activity only once. (10 points)

> faire de l'aérobic regarder la télé jouer à des jeux vidéo faire du théâtre
>
> jouer aux cartes faire du patin à glace
>
> faire de la natation
>
> nager faire du ski nautique faire du ski

WATER SPORTS	WINTER SPORTS	INDOOR ACTIVITIES
_____	_____	_____
_____	_____	_____
_____	_____	_____
_____	_____	_____
_____	_____	_____
_____	_____	_____
_____	_____	_____

SCORE [ ]

B. Match these activities with their appropriate English equivalents. (5 points)

_____ 1. faire du vélo

_____ 2. faire de l'athlétisme

_____ 3. jouer au football

_____ 4. faire du patin à glace

_____ 5. faire du roller en ligne

a. to play football

b. to do aerobics

c. to bike

d. to in-line skate

e. to play soccer

f. to ice skate

g. to do track and field

SCORE [ ]

CHAPITRE 4

Quiz 4-1A

C. Fill in the missing words to complete the descriptions of the sports and activities these people like and dislike. (10 points)

1. Nicole aime jouer _____ base-ball.

2. Simone et moi, nous adorons _____ au volley.

3. Tu aimes _____ de la photo.

4. Je n'aime pas jouer _____ tennis.

5. Pauline et Guy aiment _____ de la natation.

6. Vous aimez faire _____ jogging.

7. Tu aimes jouer _____ golf.

8. Mon amie et moi, nous n'aimons pas _____ du roller en ligne.

9. Karine et Agathe aiment faire _____ aérobic.

10. J'aime faire _____ vidéo.

SCORE ☐

D. Magali interviewed several students about the sports and activities they and their friends like. Use **est-ce que** to recreate the questions she asked, based on the answers the people gave. (10 points)

1. MAGALI _____
   MARTIN Oui, j'adore faire du ski.

2. MAGALI _____
   THI ET BILL Oui, nous adorons nager.

3. MAGALI _____
   SYLVIE Pierre? Non, il n'aime pas jouer aux cartes. Il préfère jouer au hockey.

4. MAGALI _____
   MAMADOU Julie et Onélia? Oui, elles aiment faire du vélo.

5. MAGALI _____
   SIMONE Oui, j'aime bien lire.

SCORE ☐

TOTAL SCORE ☐ /35

CHAPITRE 4

Sports et passe-temps

Quiz 4-1B

Maximum Score: 35/100

■ PREMIERE ETAPE

I. Listening

A. Listen as Rémi tells a friend what he plans to do on vacation. Write **a)** if Rémi **likes** the following activities and **b)** if he **dislikes** them. (10 points)

1. _____ swimming

2. _____ waterskiing

3. _____ biking

4. _____ soccer

5. _____ taking pictures

SCORE [   ]

II. Reading

B. Read these ads for pen pals and answer the questions on page 82 in English. (15 points)

Moi, j'adore le théâtre. Parfois, je fais de la vidéo et de la photo. Je n'aime pas beaucoup le sport. — Olivier Joubert	Le patin, c'est génial! Le week-end, j'aime faire du roller en ligne, de la natation et du ski nautique. — Fabienne Levet	J'aime bien faire de l'athlétisme, mais j'aime mieux jouer à des jeux vidéo et regarder la télé. — Jacques Michelet

J'adore le roller. C'est cool! J'aime aussi faire du vélo et jouer au hockey avec les copains. Je n'aime pas beaucoup jouer aux cartes.
— Magali Humeau

Moi, je suis très sportive. J'adore nager et faire du ski nautique! J'aime aussi faire du patin à glace. Le théâtre, c'est pas terrible. Et faire des photos, c'est barbant!
— Chantal Quinet

CHAPITRE 4

❋ Quiz 4-1B

1. What activities does Fabienne like?

   _____

2. What activities does Jacques like best?

   _____

3. Name two activities that Magali likes. What does she dislike?

   _____

4. Which two people have the most interests in common?

   _____

5. Which two people have the fewest interests in common?

   _____

SCORE [   ]

III. Writing

C. Your uncle Jérôme, who lives in France, is going to send you a birthday gift and wants to know what sports and activities you like. Write a letter telling him about two activities that you really like, one activity you don't like very much, and two activities you don't like at all. (10 points)

Cher oncle Jérôme,

_____

_____

_____

_____

_____

_____

_____

_____

_____

_____

SCORE [   ]

TOTAL SCORE [   ] /35

Sports et passe-temps

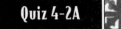

Quiz 4-2A

■ DEUXIEME ETAPE

Maximum Score: 35/100

Grammar and Vocabulary

A. Jean and Denise are talking about activities they and their friends like to do. Complete their conversation with the appropriate forms of the verb **faire.** (8 points)

JEAN   Mes amis et moi, nous adorons le sport. Le lundi et le mercredi après-midi,

je **(1)** _____ du patin à glace. Pascal et Sylvie

(2) _____ du jogging. Et ton amie Louise, elle fait

du jogging?

DENISE   Non, Louise **(3)** _____ du ski le week-end. Pascal et toi,

vous **(4)** _____ du ski aussi?

JEAN   Non, le week-end, Pascal et moi, nous **(5)** _____ du vélo. Et

toi? Tu **(6)** _____ du sport en été?

DENISE   En été, je **(7)** _____ souvent de la natation et Louise aime

(8) _____ du ski nautique.

SCORE ☐

B. Fatima wants to know about the sports and activities that Americans do. Answer her questions using complete sentences. (4 points)

1. On fait du ski nautique en Alaska en hiver?

_____

2. On fait du ski au Texas au printemps?

_____

3. On joue au football américain en mars?

_____

4. On joue au base-ball en décembre?

_____

SCORE ☐

Quiz 4-2A

C. Complete the conversation below by filling in the missing phrases. (10 points)

— Qu'est-ce que tu aimes faire quand **(1)** _____ *(it's cold)?*

— Quand **(2)** _____ *(it's snowing)*, j'aime jouer aux cartes et regarder la télé.

— Et en été?

— Quand **(3)** _____ *(it's hot)*, j'aime faire du ski nautique et nager.

— Qu'est-ce que tu aimes faire quand **(4)** _____ *(it's raining)?*

— J'aime lire ou faire de l'aérobic.

— Quand **(5)** _____ *(it's nice weather)*, j'aime jouer au golf.

SCORE [____]

D. Match the letter of the word that best fits each phrase. (5 points)

_____ 1. de dix-neuf heures à vingt-trois heures

_____ 2. samedi et dimanche

_____ 3. octobre et novembre

_____ 4. janvier et février

_____ 5. juillet et août

a. le week-end
b. l'hiver
c. le soir
d. l'automne
e. l'été
f. le printemps

SCORE [____]

E. Create complete sentences out of the words below by conjugating the verbs and making any other necessary changes. (8 points)

1. nous / aimer / jouer / base-ball

_____

2. est-ce que / vous / parler / français

_____

3. tu / ne... pas / jouer / volley

_____

4. Suzanne et Marc / aimer / faire / roller

_____

SCORE [____]

TOTAL SCORE [____] /35

CHAPITRE 4

Sports et passe-temps

Maximum Score: 35/100

CHAPITRE 4

■ DEUXIEME ETAPE

I. Listening

A. Mme Gallet and her two children, Irène and Gilles, are trying to plan a vacation. Listen to their conversation and indicate three activities each person likes by placing the correct letters from the list below next to his or her name. You may use each letter more than once. (9 points)

a. tennis   **b.** volleyball   **c.** skiing   **d.** ice-skating   **e.** hockey   **f.** taking pictures

1. Irène   _____   _____   _____

2. Gilles   _____   _____   _____

3. Mme Gallet _____   _____   _____   SCORE [____]

II. Reading

B. Read the article below about activities that teenagers in Quebec enjoy. Then list in English two activities that are done in each of the following weather conditions, according to the article. (10 points)

> **SONDAGE...........................**
> **Que font les jeunes Québécois?**
> *D'après* Jeune Québécois, *voici ce que les jeunes préfèrent comme activités pendant l'année. Vous êtes d'accord?*
>
> Alors, qu'est-ce qu'on fait à Québec?
>
> Les jeunes Québécois vivent au rythme des quatre saisons. Au printemps, quand il fait encore un peu frais, ils aiment faire du jogging. Ils jouent aussi au base-ball, au foot et ils font du vélo. L'été, quand il fait très chaud, on les trouve au bord des lacs et à la plage où ils font de la voile, du ski nautique et de la natation. Et en automne, quand il pleut, ce qu'ils aiment surtout, c'est aller au cinéma ou faire de l'aérobic dans des gymnases. Ils aiment l'hiver et la neige pour faire des sports comme le ski, le patin et le hockey sur glace. Et quand il fait très froid, ils aiment jouer aux cartes et jouer à des jeux vidéo ensemble.

1. when it's very cold
   _____
   _____

2. when it's hot
   _____
   _____

3. when it snows
   _____
   _____

4. when it's cool outside
   _____
   _____

5. when it's rainy
   _____
   _____

SCORE [____]

Quiz 4-2B

CHAPITRE 4

III. Culture

C. Match the temperature in centigrade with the appropriate description. (6 points)

1. _____ boiling point of water
2. _____ cool enough for a sweater
3. _____ freezing point of water

   a.   0°C
   b. 32°C
   c. 100°C
   d. 212°C
   e. 17°C
   f. −5°C

SCORE

IV. Writing

D. You're a reporter for the school newspaper and you're interviewing a student about his or her interests. Write a conversation in which you ask the student what sports he or she plays and what he or she does to have fun. The student's responses should include different seasons and weather conditions. (10 points)

_____

_____

_____

_____

_____

_____

_____

_____

_____

_____

_____

_____

_____

SCORE

TOTAL SCORE   /35

Sports et passe-temps

CHAPITRE 4

TROISIEME ETAPE

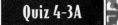

Quiz 4-3A

Maximum Score: 30/100

Grammar and Vocabulary

A. Read what these students say about the sports they like, and then indicate whether the statements that follow are **vrai** *(true)* or **faux** *(false)*. (6 points)

KOFFI   J'adore faire du sport. Je joue au foot trois ou quatre fois par semaine. Le lundi, le mercredi et le samedi soir, je fais du jogging. D'habitude, je joue au basket le mardi et le dimanche. Je fais du vélo de temps en temps.

CHANTAL   Moi, j'aime bien le sport. Quelquefois je fais du roller ou de l'aérobic. Je fais souvent du vélo mais je ne fais jamais de jogging.

AHMED   Je n'aime pas beaucoup le sport. D'habitude, je préfère regarder la télé ou écouter de la musique. Quelquefois je fais du roller et je joue au foot une fois par semaine.

MARIE   Le sport, c'est super! Je fais de l'aérobic trois fois par semaine. Le samedi soir, je fais du jogging. L'hiver, je fais souvent du patin à glace et du ski.

_____ 1. Marie jogs more often than Koffi does.

_____ 2. Chantal jogs sometimes.

_____ 3. Koffi plays soccer about as often as Ahmed does.

_____ 4. Chantal goes in-line skating about as often as Ahmed does.

_____ 5. Koffi rides his bike more often than Chantal does.

_____ 6. Marie does aerobics twice a week.

SCORE [   ]

B. Unscramble and complete the fragments below to form logical sentences. Be sure to make any necessary changes. (12 points)

1. je / patin à glace / de temps en temps / faire

_____

2. vélo / faire / il / une fois par semaine

_____

3. ski / ne... jamais / je / faire

_____

❋ **Quiz 4-3A**

4. vous / souvent / est-ce que / roller / faire

_____

5. faire / Céline et Olivier / théâtre / quelquefois

_____

6. aérobic / rarement / faire / tu

_____

SCORE [   ]

C. Tell how often these students do the following activities, according to the calendars below. (12 points)

LUNDI	MARDI	MERCREDI	JEUDI	VENDREDI	SAMEDI	DIMANCHE
natation	vélo		vélo		vélo	vélo
	vélo	vélo	vélo	vélo	vélo	natation

1. Julien (biking)

_____

LUNDI	MARDI	MERCREDI	JEUDI	VENDREDI	SAMEDI	DIMANCHE
		patin à glace		patin à glace		patin à glace
		patin à glace	roller	patin à glace		patin à glace

2. Patricia (in-line skating)

_____

LUNDI	MARDI	MERCREDI	JEUDI	VENDREDI	SAMEDI	DIMANCHE
	foot				foot	
foot						

3. Didier et Bruno (jogging)

_____

4. Didier et Bruno (soccer)

_____

SCORE [   ]

TOTAL SCORE [   ] /30

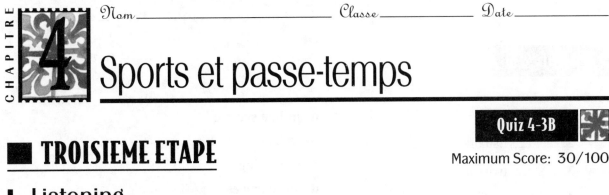
CHAPITRE 4

Sports et passe-temps

Quiz 4-3B

Maximum Score: 30/100

■ TROISIEME ETAPE

I. Listening

A. Listen as Annie asks her classmates how often they play certain sports. Mark the best answer for each person. (10 points)

1. François _____
2. Lise _____
3. Julien _____
4. Valérie _____
5. Gilles _____

a. sometimes
b. from time to time
c. never
d. once a week
e. often

SCORE [ ]

II. Reading

B. Read Pauline's letter to her friend in Paris. Then tell how often Pauline does certain activities by matching the appropriate time expressions with the activities. (10 points)

> *Chère Nicole,*
>
> *Salut! Ça va? Moi, ça va bien. Il pleut ici à Québec. C'est normal pour le printemps. Quand il fait beau et frais, d'habitude je fais du roller en ligne avec mes copains. J'aime beaucoup faire du sport. C'est le fun! Je fais de l'aérobic trois fois par semaine et je fais de la natation deux fois par semaine. Aussi, je fais souvent du vélo, et de temps en temps j'aime faire du patin. Qu'est-ce que tu aimes faire comme sport? Le soir, je joue aux cartes. Mais je ne joue jamais à des jeux vidéo. Qu'est-ce que tu fais pour t'amuser, toi?*
>
> *A bientôt!*
>
> *Pauline*

CHAPITRE 4

Quiz 4-3B

1. _____ often
2. _____ usually
3. _____ twice a week
4. _____ in the evening
5. _____ never

a. in-line skating
b. cards
c. swimming
d. video games
e. cycling

SCORE [____]

III. Writing

C. Write a short conversation between you and a friend in which you invite your friend to do something with you this weekend. Write his or her responses. Make at least three suggestions before you agree on what to do. Your conversation should include at least eight lines. (10 points)

_____
_____
_____
_____
_____
_____
_____
_____
_____
_____
_____
_____
_____
_____
_____
_____
_____
_____

SCORE [____]

TOTAL SCORE [____] /30

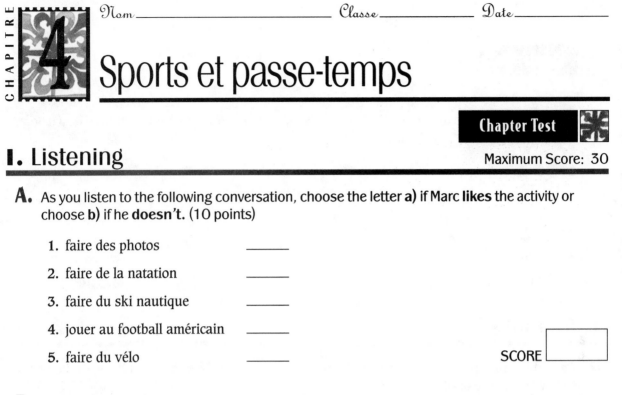

Nom _____ Classe _____ Date _____

4 Sports et passe-temps

Chapter Test

I. Listening

Maximum Score: 30

A. As you listen to the following conversation, choose the letter **a)** if Marc **likes** the activity or choose **b)** if he **doesn't.** (10 points)

1. faire des photos _____
2. faire de la natation _____
3. faire du ski nautique _____
4. jouer au football américain _____
5. faire du vélo _____

SCORE [   ]

B. Listen to two friends discuss sports. As you listen, **arrange the illustrations in the order in which the sports are mentioned.** (10 points)

a.

b.

c.

d.

e.

6. _____
7. _____
8. _____
9. _____
10. _____

SCORE [   ]

Chapter Test

C. Listen to Jean-Pierre telephone his friends. Does each person a) **accept** or b) **turn down** Jean-Pierre's suggestions? (10 points)

11. Virginie _____

12. Monique _____

13. Paul _____

14. Claire _____

15. Philippe _____

SCORE [   ]

II. Reading

Maximum Score: 30

D. Read this letter that Maurice received from his pen pal Claire. Then decide if the statements that follow are a) **true** or b) **false**. (10 points)

> Cher Maurice,
>
> Salut! Ça va? J'adore l'hiver. J'aime le froid et la neige. Ici, à Québec, on fait beaucoup de choses! Qu'est-ce que tu aimes faire en hiver? Tu aimes le ski? Moi, je fais souvent du ski et du patin, mais je n'aime pas tellement le hockey. Quand il fait très froid, j'aime jouer aux cartes avec ma famille ou je téléphone à mes amis. Mes copains aiment jouer à des jeux vidéo. Les jeux vidéo, je trouve ça barbant, moi! S'il fait beau, j'aime faire des photos. Qu'est-ce que tu fais quand il fait très froid? Ecris-moi vite!
>
> A bientôt,
> Claire

16. _____ Claire enjoys skiing.

17. _____ Claire doesn't like cold weather.

18. _____ Claire doesn't like hockey.

19. _____ When it's really cold, Claire plays video games.

20. _____ Claire enjoys taking pictures.

SCORE [   ]

E. Look at the **Club Tourisme** calendar below, and then decide if the statements that follow are **a) true** or **b) false.** (10 points)

Club Tourisme — Les Quatre Saisons

PRINTEMPS			ETE			AUTOMNE			HIVER		
mars	avril	mai	juin	juillet	août	sept.	oct.	nov.	déc.	janv.	fév.

Cours d'aérobic, natation

A la patinoire : hockey, patin à glace

Le fun : vélo, tennis, roller en ligne

Sports en groupes, intérieurs : basket-ball, volley-ball

Sports en groupes, extérieurs : base-ball, foot, football américain

A la plage : natation, ski nautique, volley

21. _____ Both tennis and basketball can be played in September.

22. _____ Volleyball can only be played in the fall and winter.

23. _____ Swimming is only a summer sport at Club Tourisme.

24. _____ Cycling and soccer can be done in the spring and summer.

25. _____ Aerobics and ice-skating are never offered in the same month.

SCORE [ ]

Chapter Test

F. Read the results of this survey about the hobbies and interests of students at a French-Canadian school. The number of students who marked each answer on the survey is given in parentheses. Then based on the information in the survey, answer the questions below. (10 points)

a. 21

b. 7

c. 31

d. 16

e. 43

1. Tu fais souvent du sport?
   Jamais **(12)**
   Rarement **(13)**
   Une fois par semaine **(31)**
   Deux fois par semaine **(33)**
   Très souvent **(11)**

2. Tu regardes souvent la télé?
   Jamais **(4)**
   Rarement **(7)**
   Une fois par jour **(14)**
   Deux fois par jour **(38)**
   Très souvent **(37)**

3. Tu écoutes souvent de la musique?
   Jamais **(3)**
   Rarement **(9)**
   Une fois par jour **(28)**
   Deux fois par jour **(17)**
   Très souvent **(43)**

4. Qu'est-ce que tu fais en vacances?
   Tennis **(15)**
   Volley **(16)**
   Camping **(18)**
   Rien **(19)**
   Autres activités **(32)**

5. Qu'est-ce que tu fais quand il fait froid?
   Ecouter de la musique **(21)**
   Regarder la télé **(24)**
   Aérobic **(6)**
   Rien **(10)**
   Autres activités **(39)**

26. _____ How many people listen to music when it's cold?

27. _____ How many people play volleyball on vacation?

28. _____ How many people participate in sports once a week?

29. _____ How many people rarely watch TV?

30. _____ How many people listen to music often?

SCORE [   ]

III. Culture

Maximum Score: 10

G. Decide whether the following statements about francophone culture are a) **true** or b) **false**. (10 points)

31. _____ Quebec City reflects only North American styles.

32. _____ Francophone countries use the metric system.

33. _____ The metric system uses degrees centigrade rather than degrees Fahrenheit for temperatures.

34. _____ If it were 35°C outside, you would probably need a jacket.

35. _____ Social, cultural, and educational activities for young people are provided by **MJCs.**

SCORE [   ]

IV. Writing

Maximum Score: 30

H. You're trying to find a French-Canadian pen pal through a computer service. To complete the application, list in French three indoor and two outdoor sports or activities that you enjoy doing. (5 points)

1. _____

2. _____

3. _____

4. _____

5. _____

SCORE [ ]

I. Write a letter to your new pen pal, telling what activities you and your friends like or don't like. Mention at least five sports or activities, how often you do them, in what seasons, and under what weather conditions you like to do the activities. Be sure to ask your pen pal what he or she does to have fun. (15 points)

Cher/Chère _____ ,

_____

_____

_____

_____

_____

_____

_____

_____

_____

_____

_____

_____

_____

_____

SCORE [ ]

Chapter Test

J. Look at the four groups of teenagers in the illustration. Circle two of the groups and label them as Group 1 and Group 2. Then write what you think the students are saying to one another. You should write one conversation (at least 4 lines) for each group. (10 points)

GROUP 1: _____

_____

_____

_____

GROUP 2: _____

_____

_____

_____

SCORE [   ]

TOTAL SCORE [/100]

Circle the letter that matches the most appropriate response.

I. Listening
Maximum Score: 30

A. (10 points)

1. a b
2. a b
3. a b
4. a b
5. a b

SCORE [   ]

B. (10 points)

6. a b c d e
7. a b c d e
8. a b c d e
9. a b c d e
10. a b c d e

SCORE [   ]

C. (10 points)

11. a b
12. a b
13. a b
14. a b
15. a b

SCORE [   ]

II. Reading
Maximum Score: 30

D. (10 points)

16. a b
17. a b
18. a b
19. a b
20. a b

SCORE [   ]

E. (10 points)

21. a b
22. a b
23. a b
24. a b
25. a b

SCORE [   ]

F. (10 points)

26. a b c d e
27. a b c d e
28. a b c d e
29. a b c d e
30. a b c d e

SCORE [   ]

III. Culture
Maximum Score: 10

G. (10 points)

31. a b
32. a b
33. a b
34. a b
35. a b

SCORE [   ]

CHAPITRE 4

IV. Writing

Maximum Score: 30

H. (5 points)

1. _____
2. _____
3. _____
4. _____
5. _____

SCORE [   ]

I. (15 points)

Cher/Chère _____,

_____
_____
_____
_____
_____
_____
_____
_____
_____

SCORE [   ]

J. (10 points)

GROUP 1: _____
_____
_____
_____

GROUP 2: _____
_____
_____
_____

SCORE [   ]

TOTAL SCORE [/100]

Allez, viens! Level 1, Chapter 4

Quiz 4-1B Première étape

I. Listening

ANGELE	Tiens, salut Rémi! Comment ça va?
REMI	Très bien! Tu sais, je vais en vacances à San Diego.
ANGELE	San Diego! Quelle chance! Tu vas faire de la natation?
REMI	Bien sûr! J'adore nager. Et toi, tu aimes nager?
ANGELE	Moi, pas tellement. J'aime mieux faire du ski nautique ou du vélo.
REMI	Moi, je n'aime pas beaucoup le ski nautique et je n'aime pas du tout le vélo.
ANGELE	Qu'est-ce que tu aimes faire, alors?
REMI	J'aime jouer au tennis, mais j'aime surtout jouer au foot. J'aime aussi faire de la vidéo, mais faire de la photo, je n'aime pas du tout!

Quiz 4-2B Deuxième étape

I. Listening

MME GALLET	Alors, les enfants, qu'est-ce qu'on fait pour les vacances d'hiver cette année?
IRENE	Maman, s'il te plaît, pas de ski. Je n'aime pas du tout faire du ski. Je préfère le tennis et le volley-ball.
GILLES	Mais moi, j'aime beaucoup faire du ski. J'adore les sports d'hiver.
MME GALLET	Bien sûr, quand il fait chaud, j'aime aussi jouer au tennis. Mais, qu'est-ce qu'on fait en hiver quand on n'aime pas le ski?
GILLES	Ecoute maman, tu fais du patin à glace et moi, j'adore aussi le patin! Irène, tu aimes faire du patin?
IRENE	Pas tellement. Mais... j'aime faire des photos. La neige, c'est très beau.
MME GALLET	Ah, oui! Faire des photos, c'est passionnant!
GILLES	Ah, non! Je déteste ça. C'est barbant! Je préfère jouer au hockey avec les copains.

Quiz 4-3B Troisième étape

I. Listening

ANNIE	Salut, François, tu fais souvent du sport?
FRANÇOIS	Oui, je joue souvent au tennis.
ANNIE	Et toi, Lise?
LISE	Moi, non. Je ne fais jamais de sport, je préfère jouer aux cartes.
ANNIE	Julien, tu fais souvent du sport, toi?
JULIEN	Oh, de temps en temps, je fais du vélo.
ANNIE	Et toi, Valérie, qu'est-ce que tu fais comme sport?
VALERIE	Je fais de l'aérobic une fois par semaine.
ANNIE	Dis, Gilles, tu fais du sport?
GILLES	Oh, pas souvent, je fais quelquefois de la natation en été.

ANSWERS Quiz 4-1A

A. (10 points: 1 point per item)
Water sports: faire du ski nautique, nager, faire de la natation

Winter sports: faire du ski, faire du patin à glace

Indoor activities: jouer à des jeux vidéo, jouer aux cartes, faire du théâtre, faire de l'aérobic, regarder la télé

B. (5 points: 1 point per item)
1. c
2. g
3. e
4. f
5. d

C. (10 points: 1 point per item)

1. au	6. du
2. jouer	7. au
3. faire	8. faire
4. au	9. de l'
5. faire	10. de la

D. (10 points: 2 points per item)
Answers may vary. Possible answers:
1. Est-ce que tu aimes faire du ski?
2. Est-ce que vous aimez nager?
3. Est-ce que Pierre aime jouer aux cartes?
4. Est-ce que Julie et Onélia aiment faire du vélo?
5. Est-ce que tu aimes lire?

ANSWERS Quiz 4-1B

I. Listening (10 points: 2 points per item)
A.
1. a
2. b
3. b
4. a
5. b

II. Reading (15 points: 3 points per item)
B. Answers may vary. Possible answers:
1. swimming, water-skiing, in-line skating, and ice-skating
2. playing video games and watching TV
3. likes: in-line skating, cycling, and hockey; dislikes: playing cards
4. Fabienne and Chantal
5. Olivier and Chantal

III. Writing (10 points: 2 points per item)
C. Answers will vary. Possible answer:
Cher oncle Jérôme,
    Comment ça va? Moi, ça va très bien! Je fais beaucoup de sport. J'adore faire du roller en ligne et jouer au basket avec les copains. Je n'aime pas tellement le base-ball et je n'aime pas du tout le golf et le ski. Mais, la natation et le ski nautique, c'est cool!

ANSWERS Quiz 4-2A

A. (8 points: 1 point per item)
1. fais 2. font 3. fait 4. faites
5. faisons 6. fais 7. fais 8. faire

B. (4 points: 1 point per item)
1. Non, on ne fait pas de ski nautique en Alaska en hiver.
2. Non, on ne fait pas de ski au Texas au printemps.
3. Non, on ne joue pas au football américain en mars.
4. Non, on ne joue pas au base-ball en décembre.

C. (10 points: 2 points per item)
1. il fait froid
2. il neige
3. il fait chaud
4. il pleut
5. il fait beau

D. (5 points: 1 point per item)
1. c 2. a 3. d 4. b 5. e

E. (8 points: 2 points per item)
1. Nous aimons jouer au base-ball.
2. Est-ce que vous parlez français?
3. Tu ne joues pas au volley.
4. Suzanne et Marc aiment faire du roller.

ANSWERS Quiz 4-2B

I. **Listening** (9 points: 1 point per item)
  A. 1. Irène: a, b, f
     2. Gilles: c, d, e
     3. Mme Gallet: a, d, f

II. **Reading** (10 points: 2 points per item)
Answers will vary. Possible answers:
(only two activities are required per item)
  B. 1. playing cards, playing video games
     2. water-skiing, swimming, sailing
     3. skiing, ice-skating, hockey
     4. jogging, baseball, soccer, cycling
     5. going to the movies, aerobics

III. **Culture** (6 points: 2 points per item)
  C. 1. c
     2. e
     3. a

IV. **Writing** (10 points)
  D. Answers will vary. Possible answer:
    — Gérard, qu'est-ce que tu fais comme sport?
    — Au printemps, je fais de l'athlétisme. Je joue au basket quand il pleut.
    — Et en hiver?
    — En hiver, j'aime beaucoup faire du patin à glace et je joue surtout au hockey.
    — Et qu'est-ce que tu fais pour t'amuser?
    — Quand il fait froid et quand il neige, je joue à des jeux vidéo ou je joue aux cartes avec ma famille.
    — Et en été, qu'est-ce que tu fais pour t'amuser?
    — Quand il fait chaud, j'aime beaucoup faire du ski nautique et faire de la natation.

ANSWERS Quiz 4-3A

A. (6 points: 1 point per item)
1. faux
2. faux
3. faux
4. vrai
5. faux
6. faux

B. (12 points: 2 points per item)
1. Je fais du patin à glace de temps en temps.
2. Il fait du vélo une fois par semaine.
3. Je ne fais jamais de ski.
4. Est-ce que vous faites souvent du roller?
5. Céline et Olivier font quelquefois du théâtre.
6. Tu fais rarement de l'aérobic.

C. (12 points: 3 points per item)
Answers may vary. Possible answers:
1. Julien fait souvent du vélo.
2. Patricia fait du roller quelquefois.
3. Didier et Bruno ne font jamais de jogging.
4. Didier et Bruno jouent au foot de temps en temps.

ANSWERS Quiz 4-3B

I. Listening (10 points: 2 points per item)
A. 1. François: e
2. Lise: c
3. Julien: b
4. Valérie: d
5. Gilles: a

II. Reading (10 points: 2 points per item)
B. 1. e
2. a
3. c
4. b
5. d

III. Writing (10 points)
C. Answers will vary. Possible answer:
— Salut, Jean-Michel. Qu'est-ce que tu fais ce week-end?
— Je fais du jogging le matin.
— On joue au tennis l'après-midi?
— Ça ne me dit rien.
— On fait du patin à glace?
— Non, c'est barbant, le patin à glace.
— On joue au hockey, alors?
— Bonne idée, j'aime beaucoup le hockey.

I. Listening

A. — Eh, salut, Marc! Tu vas en vacances, non? Tu vas faire des photos?
— Euh, non. Je n'aime pas faire des photos.
— Qu'est-ce que tu aimes faire à la plage?
— Ben, j'aime faire de la natation, bien sûr.
— Tu vas faire du ski nautique?
— Mais non, pas moi. Je déteste ça.
— Tu aimes jouer au football américain?
— Ah, non, pas du tout.
— Qu'est-ce que tu aimes faire, alors?
— Mais des tas de choses! J'aime surtout faire du vélo.

B. — Tu fais quels sports en hiver?
— Moi, je fais surtout du ski.
— Tes copains, qu'est-ce qu'ils font comme sports en été?
— Magali et Marc jouent au tennis.
— Alors, est-ce que vous faites du tennis ensemble quand il fait beau?
— Non, mais nous faisons souvent du vélo.
— Qu'est-ce que Michèle fait pour s'amuser?
— Ben, elle fait souvent de l'athlétisme.
— Tes copains font de l'aérobic?
— Non, ils font du jogging.

C. 11. — Allô, Virginie? Ici Jean-Pierre. Tu sais, samedi matin, on joue au tennis?
— D'accord. A samedi.
12. — Salut, Monique. C'est Jean-Pierre. Qu'est-ce que tu fais ce week-end?
— Je ne sais pas. Et toi?
— J'ai une idée. On joue au volley?
— Ah non, le volley, c'est barbant.
13. — Allô, Paul? Ici Jean-Pierre. Dis, ça te dit de jouer au foot dimanche?
— Désolé, mais je ne peux pas.
14. — Allô, Claire. C'est Jean-Pierre. Tu fais quoi vendredi après-midi?
— Eh ben, rien. Pourquoi?
— On fait du patin à glace?
— Bonne idée. C'est génial, le patin à glace.
15. — Allô, Philippe? C'est Jean-Pierre. Tiens, samedi après-midi, on fait du vélo?
— Oui, bonne idée!

Answers to Chapter Test • Chapitre 4

I. Listening   Maximum Score: 30 points

A. (10 points: 2 points per item)
1. b
2. a
3. b
4. b
5. a

B. (10 points: 2 points per item)
6. a
7. d
8. b
9. e
10. c

C. (10 points: 2 points per item)
11. a
12. b
13. b
14. a
15. a

II. Reading   Maximum Score: 30 points

D. (10 points: 2 points per item)
16. a
17. b
18. a
19. b
20. a

E. (10 points: 2 points per item)
21. a
22. b
23. b
24. a
25. b

F. (10 points: 2 points per item)
26. a
27. d
28. c
29. b
30. e

III. Culture   Maximum Score: 10 points

G. (10 points: 2 points per item)
31. b
32. a
33. a
34. b
35. a

IV. Writing   Maximum Score: 30 points

H. (5 points: 1 point per item)
Answers will vary. Possible answers:
1. jouer aux cartes
2. jouer à des jeux vidéo
3. faire du théâtre
4. faire du ski
5. faire du jogging

I. (15 points)
Answers will vary. Possible answer:
Chère Valérie,
   Salut! Ça va? Moi, ça va très bien. Qu'est-ce que tu aimes faire? J'adore le sport! En été, je joue souvent au football américain et au tennis avec les copains. C'est super! Nous aimons aussi faire du ski nautique et du roller en ligne une fois par semaine. En hiver, quand il fait froid, j'aime jouer à des jeux vidéo de temps en temps. Je n'aime pas tellement regarder la télé. C'est nul! Et toi, qu'est-ce que tu fais pour t'amuser?
                  A bientôt,
                  Jean-Marc

J. (10 points)
Answers will vary.
(Each student should write about two groups.)

CHAPITRE 5

On va au café?

Quiz 5-1A

Maximum Score: 30/100

■ PREMIERE ETAPE

Grammar and Vocabulary

A. Make suggestions to these new French exchange students about what to do, based on their interests. (8 points)

1. Annick likes to swim.

   _____

2. Paul likes to play video games.

   _____

3. Sandrine likes to eat.

   _____

4. Marcel likes to have coffee.

   _____

SCORE [   ]

B. Respond to your friend's suggestions according to the cues below. Use a different response each time. (8 points)

1. On va au théâtre?

   (+) _____

2. On fait du ski?

   (−) _____

3. On prend un sandwich?

   (+) _____

4. On va chez Paul?

   (−) _____

SCORE [   ]

CHAPITRE 5

Quiz 5-1A

C. Help Joëlle translate these words so that she can create a menu for her school's National Foreign Language Week celebration. (8 points)

Les boissons:

1. lemonade _____

2. hot chocolate _____

3. apple juice _____

4. mineral water _____

Les sandwiches:

5. salami sandwich _____

6. ham sandwich _____

7. cheese sandwich _____

8. toasted ham and cheese sandwich _____

SCORE _____

D. Pierre and his friends are at a restaurant, and they're deciding what to get. Complete their conversation with the correct forms of the verb **prendre.** (6 points)

— Pierre, qu'est-ce que tu **(1)** _____ comme boisson?

— Je **(2)** _____ une limonade.

— Coralie **(3)** _____ un steak-frites, mais Sylvie et Jeanne

  (4) _____ toujours des sandwiches.

— Qu'est-ce que vous **(5)** _____ , Nadine et Thuy?

— Nous **(6)** _____ des pizzas.

SCORE _____

TOTAL SCORE ____ /30

CHAPITRE 5

On va au café?

Quiz 5-1B

■ PREMIÈRE ÉTAPE

Maximum Score: 30/100

I. Listening

A. Listen to the following conversations and decide whether the speakers **a) accept** or **b) turn down** the suggestions. (10 points)

1. _____

2. _____

3. _____

4. _____

5. _____

SCORE [____]

II. Reading

B. A group of friends are talking about what they ate at a café. Some of them went to **Café Olympia,** while the others ate somewhere else. Read their remarks and the menu of the **Café Olympia.** Then decide **a) who might have eaten at the Café Olympia** and **b) who did not eat there.** (10 points)

Café Olympia

Café	7,30 F
Chocolat, thé.	11,20 F
Coca, Limonade, Orangina.	12,70 F
Jus de fruit	12,10 F
Sandwiches :	
au fromage	18,70 F
au saucisson	20,10 F

1. _____ "I had the best hot chocolate."

2. _____ "I really liked the steak and fries I had with my cola."

3. _____ "I really liked their ham sandwich."

4. _____ "I only brought twenty francs, but I had enough money to buy a cheese sandwich and a cola."

5. _____ "The salami sandwiches were OK, but not too great."

SCORE [____]

Quiz 5-1B

III. Writing

C. Look at the café pictured below. For each table, write in French what the people are having. Use the verb **prendre** in complete sentences in your answers. (10 points)

1. Emile _____

_____

2. Guy et Thierry _____

_____

3. Luce _____

_____

4. Antoine _____

_____

5. Paul et Renée _____

_____

SCORE [ ]

TOTAL SCORE [ ] /30

On va au café?

■ DEUXIEME ETAPE

Grammar and Vocabulary

A. You're putting together a French phrase book for American students. Categorize these phrases according to whether they would be used by a server or a customer. (9 points)

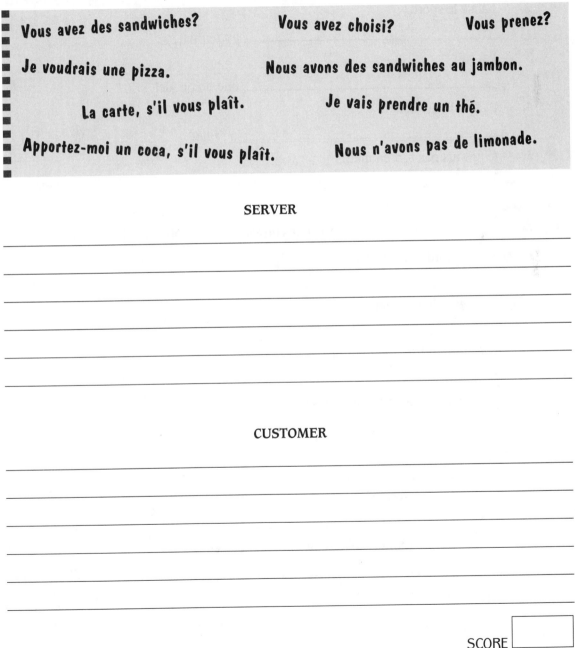

Vous avez des sandwiches?   Vous avez choisi?   Vous prenez?

Je voudrais une pizza.   Nous avons des sandwiches au jambon.

La carte, s'il vous plaît.   Je vais prendre un thé.

Apportez-moi un coca, s'il vous plaît.   Nous n'avons pas de limonade.

SERVER

_____

_____

_____

_____

_____

CUSTOMER

_____

_____

_____

_____

_____

SCORE [   ]

Quiz 5-2A

B. What advice would you give these classmates? Give them a suggestion using the imperative form of a verb from the box below. Use each verb only once. (10 points)

| faire | manger | écouter | prendre | jouer |

1. — J'ai faim.

— _____ un hot-dog!

2. — J'aime le sport.

— _____ au tennis!

3. — J'ai soif.

— _____ une limonade!

4. — J'adore la musique.

— _____ la radio!

5. — Je ne suis pas fort en maths.

— _____ les devoirs!   SCORE [____]

C. Tell your friends what to do, using the cues provided in parentheses. (16 points)

1. Aurélie (regarder le tableau)

_____

2. Gustave et Julien (prendre des notes)

_____

3. Coralie et Marcel (faire attention)

_____

4. Odile et Chantal (apporter les boissons)

_____

5. Dominique (faire les invitations)

_____

6. Luc (parler au professeur)

_____

7. Armande et Thuy (donner les sandwiches aux élèves)

_____   SCORE [____]

8. Benoît (prendre des photos)

_____   TOTAL SCORE [__/35]

On va au café?

■ DEUXIEME ETAPE

Maximum Score: 35/100

I. Listening

A. Listen to the following conversations and decide whether each one is **a) logical** or **b) illogical**. (10 points)

1. _____   2. _____   3. _____   4. _____   5. _____

SCORE [_____]

II. Reading

B. Read the following conversation between a server and a customer. Then answer the questions that follow in English. (10 points)

SERVEUR Vous avez choisi?
CLIENT Non. Qu'est-ce que vous avez comme sandwiches?
SERVEUR Nous avons des sandwiches au jambon, au fromage et au saucisson.
CLIENT Je vais prendre un sandwich au fromage.
SERVEUR D'accord. Et comme boisson?
CLIENT Un jus d'orange, s'il vous plaît.
SERVEUR Je suis désolé, nous n'avons pas de jus de fruit, mais nous avons du coca, du café et du thé.
CLIENT Apportez-moi un coca, s'il vous plaît.
SERVEUR Oui, tout de suite.

1. What kinds of sandwiches are served at the café?

_____

2. What kind of sandwich does the customer order?

_____

3. Why can't the customer have orange juice?

_____

4. What types of drinks does the café serve?

_____

5. What type of drink does the customer finally order ?

_____

SCORE [_____]

Quiz 5-2B

III. Culture

C. Read the following statements about eating in French restaurants. Decide whether each one is **a) true** or **b) false**. (5 points)

1. _____ It is polite to address a waiter as **garçon**.

2. _____ In France, serving at a café or restaurant is considered a professional occupation.

3. _____ It is polite to address a waitress as **madame** or **mademoiselle**.

4. _____ Service in French restaurants is usually quick.

5. _____ In better restaurants, waiters and waitresses are expected to be knowledgeable about the food they serve.

SCORE [   ]

IV. Writing

D. You're babysitting your French neighbor's four children. First give each one of them a command to do something, and then give a command to all of them together to do something else. Be sure to use a different verb for each of the commands. (10 points)

1. _____

2. _____

3. _____

4. _____

5. _____

SCORE [   ]

TOTAL SCORE [/35]

On va au café?

Quiz 5-3A

Maximum Score: 35/100

■ TROISIEME ETAPE

Grammar and Vocabulary

A. Which of these expressions will you use if you like a meal? If you dislike a meal? (7 points)

> C'est super.   C'est dégoûtant.   C'est délicieux.   C'est excellent.
>
> C'est pas bon.   C'est bon.   C'est pas terrible.

LIKE	DISLIKE
_____	_____
_____	_____
_____	_____
_____	_____

SCORE [   ]

B. Complete these conversations, using the phrases provided below. (8 points)

> Vous avez   combien   l'addition, s'il vous plaît
>
> Oui, tout de suite   C'est   Ça fait combien   Ça fait

1. — Un steak-frites, s'il vous plaît.

   — _____ , madame.

2. — _____ ?

   — Ça fait cinquante francs.

3. — C'est _____ , un jus d'orange?

   — C'est treize francs, monsieur.

4. — Excusez-moi, monsieur, _____ .

   — Oui, voilà, madame.

SCORE [   ]

Quiz 5-3A

C. The **Café des Etoiles** lets you pay for your meal by check. Based on the totals shown below, what number would you have to write out on your check if you ordered these items? (20 points)

1. Un hamburger   23 F

   _____

2. Deux sandwiches au fromage   37 F

   _____

3. Un croque-monsieur   46 F

   _____

4. Cinq coupes de glace   52 F

   _____

5. Une grande pizza   81 F

   _____

6. Deux parfaits   74 F

   _____

7. Cinq jus de fruits   65 F

   _____

8. Trois steaks-frites   98 F

   _____

9. Trois hot-dogs   51 F

   _____

10. Cinq cocas   60 F

   _____

SCORE [   ]

TOTAL SCORE [/35   ]

CHAPITRE 5

CHAPITRE

5
On va au café?

■ TROISIEME ETAPE

I. Listening

A. Listen to the following statements and decide whether each one is more likely to be made by **a) the customer** or **b) the server.** (8 points)

1. _____

2. _____

3. _____

4. _____

SCORE [   ]

II. Reading

B. Read Marie's journal entry about what she and her friends are planning for the weekend. Then complete the chart that follows by writing **likes** or **dislikes** for each person under the appropriate food item. (12 points)

le 28 octobre

Ce week-end, nous allons faire une fête chez mon amie Catherine. Catherine trouve les sandwiches au fromage excellents, mais elle n'aime pas les croque-monsieur. Frédéric trouve les croque-monsieur dégoûtants, mais il trouve les sandwiches au fromage délicieux. Pour moi, les sandwiches au fromage, c'est pas terrible. Mais je trouve les hot-dogs et les croque-monsieur très bons. Frédéric aime les hot-dogs aussi, mais Catherine les trouve mauvais. Alors, nous avons décidé de manger de la pizza parce que nous aimons tous la pizza. Et comme boisson? Ça, on va décider demain...

	sandwiches au fromage	croque-monsieur	hot-dogs	pizza
Marie				
Catherine				
Frédéric				

SCORE [   ]

CHAPITRE 5

III. Culture

C. Read the following statements about French restaurants and cafés. Five of these statements are correct. Decide which are correct and write the letters of the statements in the blanks below. (5 points)

a. A French person who thought the food was good might say **C'est pas mauvais**.

b. A tip is never included in the check.

c. A tip is included if the check has **service compris** written on it.

d. You can ask **Le service est compris?** if you're unsure about whether to leave a tip.

e. A French person who thought the food was bad might say **C'est pas terrible**.

f. It's impolite to ask about the tip.

g. If you feel the service was good, you can leave an additional tip.

h. You should leave an additional tip even if you see **service compris** on the menu.

1. _____ 2. _____ 3. _____ 4. _____ 5. _____

SCORE [   ]

IV. Writing

D. You've just finished your meal at a restaurant. Write a conversation in which you get the waiter's attention and ask how much two of the items you had cost. Then ask for the check. (10 points)

_____

_____

_____

_____

_____

_____

_____

_____

_____

SCORE [   ]

TOTAL SCORE [/35]

CHAPITRE 5

On va au café?

I. Listening

Maximum Score: 30

A. Listen as these people order in a café. Look at the illustration and then match their names with what they ordered. (8 points)

1. _____

2. _____

3. _____

4. _____

a. Eric

b. Michel

c. Julie

d. Fabienne

SCORE [   ]

B. Listen as some customers order in a café. Decide whether each customer is ordering
a) **something to drink** or b) **something to eat.** (12 points)

5. _____

6. _____

7. _____

8. _____

9. _____

10. _____

SCORE [   ]

Chapter Test

C. Listen to these people comment on the food and drink they ordered in a café. Decide whether they **a) liked the food or drink they ordered** or **b) disliked what they ordered.** (10 points)

11. _____

12. _____

13. _____

14. _____

15. _____

SCORE [   ]

II. Reading

Maximum Score: 30

D. Read these bits of conversation and then put them together in the correct order to make a logical conversation. (10 points)

    a. — Très bien, madame. Et qu'est-ce que vous prenez comme boisson?
      — Je vais prendre une limonade.

    b. — D'accord. C'est tout?
      — Oui.

    c. — Vous avez choisi?
      — Non, pas encore... Qu'est-ce que vous avez comme sandwiches?

    d. — Nous avons des sandwiches au fromage, au saucisson et au jambon. Nous avons aussi des croque-monsieur.
      — Apportez-moi un sandwich au fromage, s'il vous plaît.

    e. — Je regrette. Nous n'avons pas de limonade.
      — Apportez-moi un jus d'orange, alors.

16. _____

17. _____

18. _____

19. _____

20. _____

SCORE [   ]

CHAPITRE 5

E. Violette and her friends are eating at a café. Read the conversation, and decide if the statements that follow are **a) true** or **b) false.** (10 points)

CHRISTIAN	Pardon, monsieur, vous avez des steaks-frites, s'il vous plaît?
SERVEUR	Désolé, nous n'avons pas de steaks-frites, mais voilà la carte.
CHRISTIAN	Merci, monsieur. Oh, il y a des croque-monsieur! Ça, c'est délicieux! Violette, tu prends un croque-monsieur aussi?
VIOLETTE	Bonne idée, mais dis, Fabrice, c'est combien un croque-monsieur?
FABRICE	C'est vingt-huit francs. Moi, j'aime mieux un sandwich au saucisson. C'est dix-huit francs et c'est très bon.
ANNIE	Ah, non! Le saucisson, c'est pas terrible. Moi, je voudrais un sandwich au fromage. Alors, Violette, qu'est-ce que tu prends?
VIOLETTE	Le croque-monsieur est trop cher. Je vais prendre un sandwich au jambon. Et qu'est-ce qu'il y a à boire?
SERVEUR	Nous avons de l'eau minérale, du citron pressé, du coca, des jus de fruit, du café et des sirops.
VIOLETTE	Donnez-moi un jus de pomme, s'il vous plaît.
CHRISTIAN	Moi, je vais prendre un sirop de fraise, s'il vous plaît.
ANNIE	Je n'aime pas les jus de fruit. C'est dégoûtant! Apportez-moi un coca, s'il vous plaît. Et toi, Fabrice, comment tu trouves ça, le jus de fruit?
FABRICE	C'est pas mauvais, mais je vais prendre un café.

21. _____ The waiter apologizes to Christian because he doesn't have a menu.

22. _____ A toasted ham and cheese sandwich costs 18 francs.

23. _____ Annie orders a cheese sandwich.

24. _____ Christian orders an apple juice.

25. _____ Fabrice thinks that fruit juice is really bad.

SCORE [   ]

Chapter Test

F. During her visit to Paris, Claire wrote a letter to her French class in the United States. Read her letter and then decide whether the statements that follow are **a) true** or **b) false**. (10 points)

Chers amis,

J'adore Paris! C'est vraiment super! Je fais beaucoup de choses avec mes amis. Nous aimons surtout les cafés! Moi, j'aime beaucoup les croque-monsieur (un sandwich au fromage et au jambon), mais je n'aime pas les sandwiches au saucisson; c'est dégoûtant! De temps en temps, je prends une omelette. C'est pas mauvais. Quand j'ai soif, je prends un coca ou une limonade parce que je n'aime pas le café. Et ici, en France, on reste au café tout l'après-midi! C'est génial, non? Voilà, c'est tout! J'ai des tas de choses à faire!

Grosses bises,
Claire

26. _____ Claire's friends like to go to the café.

27. _____ Claire especially likes salami sandwiches.

28. _____ Claire likes to order lemon soda when she gets thirsty.

29. _____ Claire thinks omelettes are pretty good.

30. _____ Claire doesn't have much to do in France.

SCORE _____

III. Culture

Maximum Score: 10

G. Are the following features associated with a French café? Mark **a)** if they're **likely** or **b)** if they're **not likely**. (10 points)

31. _____ an outside terrace

32. _____ a waiter rushing customers to leave

33. _____ a menu with **Service compris** written on it

34. _____ a polite customer calling **Hé, garçon!** to the waiter.

35. _____ a meal lasting over two hours

SCORE _____

CHAPITRE 5

Chapter Test

IV. Writing

Maximum Score: 30

H. For each day of the week, write a short conversation in which you suggest an activity to the new French student at school. He or she makes four different excuses for the first four days, then accepts the suggestion you make for the fifth day. (10 points)

lundi : _____

_____

mardi : _____

_____

mercredi : _____

_____

jeudi : _____

_____

vendredi : _____

_____

SCORE [   ]

I. Write a conversation in which you ask your French friend what foods he or she usually has at cafés. Discuss your opinions of various food items and tell what you prefer to have when you're hungry and thirsty. Write at least eight sentences and mention at least six food items. (10 points)

_____

_____

_____

_____

_____

_____

_____

_____

_____

_____

SCORE [   ]

Chapter Test

J. M. et Mme Gilles are at a café. Write the couple's conversation in which they recommend different foods to each other, and then place their orders with the server. You should write at least six lines. (10 points)

_____

_____

_____

_____

_____

_____

_____

_____

_____

SCORE ☐

TOTAL SCORE ☐ /100

CHAPITRE 5

Circle the letter that matches the most appropriate response.

I. Listening
Maximum Score: 30

A. (8 points)

1. a b c d
2. a b c d
3. a b c d
4. a b c d

SCORE [____]

B. (12 points)

5. a b
6. a b
7. a b
8. a b
9. a b
10. a b

SCORE [____]

C. (10 points)

11. a b
12. a b
13. a b
14. a b
15. a b

SCORE [____]

II. Reading
Maximum Score: 30

D. (10 points)

16. a b c d e
17. a b c d e
18. a b c d e
19. a b c d e
20. a b c d e

SCORE [____]

E. (10 points)

21. a b
22. a b
23. a b
24. a b
25. a b

SCORE [____]

F. (10 points)

26. a b
27. a b
28. a b
29. a b
30. a b

SCORE [____]

III. Culture
Maximum Score: 10

G. (10 points)

31. a b
32. a b
33. a b
34. a b
35. a b

SCORE [____]

IV. Writing

H. (10 points)

lundi : _____

mardi : _____

mercredi : _____

jeudi : _____

vendredi : _____

SCORE [   ]

I. (10 points)

_____
_____
_____
_____
_____
_____
_____
_____

SCORE [   ]

J. (10 points)

_____
_____
_____
_____
_____
_____
_____
_____

SCORE [   ]

TOTAL SCORE [/100]

Quiz 5-1B Première étape

I. Listening

1. — Oh, regarde! Il pleut. On joue aux cartes?
   — Non, je ne peux pas. J'ai des choses à faire.
2. — On écoute de la musique?
   — Désolée. J'ai des devoirs à faire.
3. — On va au café?
   — Bonne idée! Allons-y.
4. — Il fait beau aujourd'hui. On fait du jogging?
   — D'accord.
5. — Il me faut un sac. On fait les magasins?
   — Je ne peux pas. J'ai des trucs à faire.

Quiz 5-2B Deuxième étape

I. Listening

1. — Qu'est-ce qu'il y a à boire?
   — Il y a du café, du coca et de l'eau minérale.
2. — Vous avez choisi?
   — Désolé(e), nous n'avons pas de limonade.
3. — Qu'est-ce que vous avez comme sandwiches?
   — On a des sandwiches au jambon, au fromage et au saucisson.
4. — Je voudrais une omelette, s'il vous plaît.
   — Très bien. Et comme boisson?
5. — La carte, s'il vous plaît.
   — Désolé(e), j'ai des devoirs à faire.

Quiz 5-3B Troisième étape

I. Listening

1. — Ça fait combien, un steak-frites et un citron pressé?
2. — Oui, tout de suite.
3. — Ça fait quatre-vingts francs, monsieur.
4. — L'addition, s'il vous plaît.

Answers to Quizzes 5-1A and 5-1B • Chapitre 5

ANSWERS Quiz 5-1A

A. (8 points: 2 points per item)
Answers may vary. Possible answers:
1. On va à la piscine?
2. On joue à des jeux vidéo?
3. On mange au restaurant?
4. On va au café?

B. (8 points: 2 points per item)
Answers may vary. Possible answers:
1. Bonne idée.
2. Non, ça ne me dit rien.
3. D'accord, j'ai faim.
4. Non, j'ai des trucs à faire.

C. (8 points: 1 point per item)
Les boissons :
1. citron pressé
2. chocolat
3. jus de pomme
4. eau minérale
Les sandwiches :
5. sandwich au saucisson
6. sandwich au jambon
7. sandwich au fromage
8. croque-monsieur

D. (6 points: 1 point per item)
1. prends
2. prends
3. prend
4. prennent
5. prenez
6. prenons

ANSWERS Quiz 5-1B

I. Listening (10 points: 2 points per item)
A. 1. b
2. b
3. a
4. a
5. b

II. Reading (10 points: 2 points per item)
B. 1. a
2. b
3. b
4. b
5. a

III. Writing (10 points: 2 points per item)
C. Answers may vary. Possible answers:
1. Il prend un steak-frites et une limonade.
2. Ils prennent des croque-monsieur.
3. Elle prend un café.
4. Il prend un hot-dog et un coca.
5. Ils prennent une pizza et une eau minérale.

ANSWERS Quiz 5-2A

A. (9 points: 1 point per item)

SERVER
Vous avez choisi?
Vous prenez?
Nous avons des sandwiches au jambon.
Nous n'avons pas de limonade.

CUSTOMER
Vous avez des sandwiches?
Je voudrais une pizza.
La carte, s'il vous plaît.
Apportez-moi un coca, s'il vous plaît.
Je vais prendre un thé.

B. (10 points: 2 points per item)
1. Mange
2. Joue
3. Prends
4. Ecoute
5. Fais

C. (16 points: 2 points per item)
1. Regarde le tableau!
2. Prenez des notes!
3. Faites attention!
4. Apportez les boissons!
5. Fais les invitations!
6. Parle au professeur!
7. Donnez les sandwiches aux élèves!
8. Prends des photos!

ANSWERS Quiz 5-2B

I. Listening (10 points: 2 points per item)
A. 1. a
2. b
3. a
4. a
5. b

II. Reading (10 points: 2 points per item)
B. 1. ham sandwiches, cheese sandwiches, and salami sandwiches
2. a cheese sandwich
3. the café does not serve fruit juice
4. cola, coffee, and tea
5. a cola

III. Culture (5 points: 1 point per item)
C. 1. b
2. a
3. a
4. b
5. a

IV. Writing (10 points: 2 points per item)
D. Answers will vary. Possible answers:
1. Ecoute la radio!
2. Regarde la télé!
3. Prends un sandwich!
4. Joue à des jeux vidéo!
5. Faites les devoirs!

CHAPITRE 5

ANSWERS Quiz 5-3A

A. (7 points: 1 point per item)

LIKE	DISLIKE
C'est super.	C'est dégoûtant
C'est délicieux.	C'est pas bon.
C'est bon.	C'est pas terrible.
C'est excellent.	

B. (8 points: 2 points per item)
1. Oui, tout de suite
2. Ça fait combien
3. combien
4. l'addition, s'il vous plaît

C. (20 points: 2 points per item)
1. vingt-trois
2. trente-sept
3. quarante-six
4. cinquante-deux
5. quatre-vingt-un
6. soixante-quatorze
7. soixante-cinq
8. quatre-vingt-dix-huit
9. cinquante et un
10. soixante

ANSWERS Quiz 5-3B

I. Listening (8 points: 2 points per item)
A. 1. a
2. b
3. b
4. a

II. Reading (12 points: 1 point per item)
B.

	sandwiches au fromage	croque-monsieur	hot-dogs	pizza
Marie	dislikes	likes	likes	likes
Catherine	likes	dislikes	dislikes	likes
Frédéric	likes	dislikes	likes	likes

III. Culture (5 points: 1 point per item)
C. In any order:
1. a
2. c
3. d
4. e
5. g

IV. Writing (10 points)
D. Answers will vary. Possible answer:
— Pardon, monsieur.
— Oui, madame.
— C'est combien, le sandwich au fromage?
— C'est treize francs.
— Et le café?
— C'est huit francs.
— Bon, l'addition, s'il vous plaît.
— Tout de suite, madame.

I. Listening

    A.   **1.** Un sandwich au jambon, s'il vous plaît.

          2. Deux hot-dogs, s'il vous plaît.

          3. Pour moi, un steak-frites, s'il vous plaît.

          4. Je voudrais une eau minérale, s'il vous plaît.

    B.   **5.** Je vais prendre un hot-dog, s'il vous plaît.

          6. Donnez-moi un croque-monsieur, s'il vous plaît.

          7. Apportez-moi un coca, s'il vous plaît.

          8. Un jus de pomme et un café, s'il vous plaît.

          9. Je vais prendre un sandwich au fromage.

       10. Une eau minérale, s'il vous plaît.

    C. **11.** Ce croque-monsieur est très bon.

       12. Ce jus de fruit est super bon!

       13. Ce hot-dog est dégoûtant!

       14. Ce chocolat est délicieux.

       15. Elle n'est pas très bonne, cette pizza.

Answers to Chapter Test • Chapitre 5

I. Listening   Maximum Score: 30 points

A. (8 points: 2 points per item)
1. c
2. a
3. b
4. d

B. (12 points: 2 points per item)
5. b
6. b
7. a
8. a
9. b
10. a

C. (10 points: 2 points per item)
11. a
12. a
13. b
14. a
15. b

II. Reading   Maximum Score: 30 points

D. (10 points: 2 points per item)
16. c
17. d
18. a
19. e
20. b

E. (10 points: 2 points per item)
21. b
22. b
23. a
24. b
25. b

F. (10 points: 2 points per item)
26. a
27. b
28. a
29. a
30. b

III. Culture   Maximum Score: 10 points

G. (10 points: 2 points per item)
31. a   32. b   33. a   34. b   35. a

IV. Writing   Maximum Score: 30 points

H. (10 points: 2 points per item)
Answers will vary. Possible answers:

lundi :
— Salut, Sandrine! On va au café?
— Désolée. J'ai des devoirs à faire.

mardi :
— Bonjour, Sandrine! On joue au tennis?
— Non. Je ne peux pas parce que j'ai des courses à faire.

mercredi :
— Sandrine! Salut! On joue à des jeux vidéo?
— Désolée. J'ai des trucs à faire.

jeudi :
— Bonjour, Sandrine! On fait de la natation?
— Non, j'ai des tas de choses à faire.

vendredi :
— Salut, Sandrine! On fait du jogging?
— D'accord!

I. (10 points)
Answers will vary. Possible answer:
— Qu'est-ce que tu prends d'habitude au café?
— Quand j'ai faim, je prends un steak-frites et un coca. Tu aimes ça?

— Oui, c'est bon, mais je préfère un croque-monsieur avec un chocolat. Comment tu trouves ça?
— C'est dégoûtant! Tu aimes mieux les hot-dogs ou les sandwiches?
— Je n'aime pas beaucoup les hot-dogs. J'aime mieux un sandwich au saucisson avec une eau minérale. C'est excellent!
— Oui, c'est cool, mais quand j'ai soif, je préfère un jus de pomme. C'est délicieux!

J. (10 points)
Answers will vary. Possible answer:

M. GILLES   Moi, j'ai très faim.
MME GILLES   Prends un steak-frites.
M. GILLES   Et toi? Qu'est-ce que tu vas prendre.
MME GILLES   Je ne sais pas, mais je n'aime pas les steaks-frites.
M. GILLES   Alors, prends un sandwich au jambon.
MME GILLES   Bonne idée!
M. GILLES   Excusez-moi, monsieur!
SERVEUR   Vous avez choisi?
M. GILLES   Oui, un steak-frites et un sandwich au jambon, s'il vous plaît.

CHAPITRE 6

Amusons-nous!

■ PREMIERE ETAPE

Grammar and Vocabulary

A. Tell your friends where to go based on their interests. (10 points)

1. Paul adore les pièces françaises.

   _____

2. Marc et Joëlle adorent voir les matchs de foot.

   _____

3. Thérèse aime faire les courses.

   _____

4. Daniel aime la mer *(the sea)*.

   _____

5. Alain et Karine aiment faire une promenade.

   _____

SCORE ☐

B. Brigitte and her friends are talking about their travel plans. Fill in the blanks with the appropriate forms of **aller.** (5 points)

1. Tu _____ à Tokyo, Julie?

2. Pierre et Jules _____ à Chamonix pour faire du ski.

3. Nous _____ en Inde pour voir le Taj Mahal!

4. Moi, je _____ à la plage avec mes parents.

5. Thierry et Martin, vous _____ au Canada?

SCORE ☐

CHAPITRE 6

Quiz 6-1A

C. Tell what your classmates are going to do this summer by rearranging the cues in the correct order and writing complete sentences. Be sure to make all the necessary changes. (10 points)

1. les / aller / lundi / Samuel / vitrines / faire / le

_____

2. patin à glace / Denise / faire /aller /du

_____

3. avec / au téléphone / nous / parler / les copains / aller

_____

4. au / faire / pique-nique / aller / vous / parc / un

_____

5. pour le bac / aller / tu / étudier

_____

SCORE [____]

D. Match these activities with the places you would go to do them. (5 points)

_____ 1. Je vais regarder de l'art moderne...

_____ 2. Je vais faire les vitrines...

_____ 3. Je vais regarder les animaux exotiques...

_____ 4. Je vais chercher quelque chose à lire...

_____ 5. Je vais nager...

a. au centre commercial

b. à la bibliothèque

c. à la piscine

d. au musée

e. au parc

f. au zoo

SCORE [____]

TOTAL SCORE [____] /30

CHAPITRE 6

Amusons-nous!

Quiz 6-1B

Maximum Score: 30/100

■ PREMIERE ETAPE

I. Listening

A. Listen as Monique tells Angèle what they are going to do this weekend. Then tell where they're going at the times indicated below. (10 points)

        a. restaurant   **b.** party   **c.** swimming pool   **d.** game   **e.** mall

1. Saturday morning _____   3. Saturday evening _____   5. Sunday evening _____

2. Saturday afternoon _____   4. Sunday afternoon _____

SCORE [   ]

II. Reading

B. Read Pauline's e-mail message to her friend Marie, and then decide whether the statements that follow are **a) true** or **b) false.** (10 points)

> *Salut, Marie!*
>   *Ça va? Qu'est-ce que tu vas faire pendant les vacances de printemps? Moi, pas grand-chose. Lundi, je vais faire les vitrines. Mardi, je vais aller à la bibliothèque. Le mercredi, je joue au tennis, alors je vais au parc. Jeudi, rien de spécial, je vais regarder un match de foot à la télé. Je vais à la Maison des jeunes vendredi. Et toi, tu vas faire quoi ce week-end? On fait un pique-nique samedi? Ecris-moi vite!*
>   *A bientôt!*
>   *Pauline*

1. _____ Pauline doesn't have anything special planned for her vacation.

2. _____ Pauline normally window shops on Mondays.

3. _____ Pauline normally plays tennis on Wednesdays.

4. _____ Pauline is going to the stadium to see a soccer game on Thursday.

5. _____ Pauline asks Marie if she would like to have a picnic on Saturday.

SCORE [   ]

Quiz 6-1B

III. Writing

C. Write a conversation in which your friend Julie asks what you and another friend, Guy, are going to do this weekend. Tell her that on Saturday, you and Guy will do one of the activities pictured below together. On Sunday, you and Guy are going to do the other two activities separately. Ask Julie what she is going to do this weekend with her friend Nicole. Her answer should include at least two activities that they plan to do. (10 points)

_____

_____

_____

_____

_____

_____

_____

_____

_____

_____

SCORE [ ]

TOTAL SCORE [ ] /30

CHAPITRE 6

CHAPITRE 6

Amusons-nous!

■ DEUXIEME ETAPE

Grammar and Vocabulary

A. Are these invitations accepted or refused? Write **a)** for the ones that are **accepted** and **r)** for those that are **refused.** (8 points)

_____ 1. — Je voudrais faire de la natation. Tu viens?
          — J'ai des trucs à faire.

_____ 2. — On peut faire les vitrines.
          — Pourquoi pas?

_____ 3. — Allons à la Maison des jeunes!
          — Bonne idée.

_____ 4. — Tu veux voir un match?
          — Ça ne me dit rien.

_____ 5. — Tu veux faire un pique-nique avec moi?
          — Je veux bien.

_____ 6. — Je voudrais voir une pièce ce soir. Tu viens?
          — Désolé, je ne peux pas.

_____ 7. — On fait du vélo samedi?
          — D'accord.

_____ 8. — Je vais au zoo avec Marie ce week-end. Tu viens?
          — Désolée, je suis occupée.

SCORE [ ]

B. Complete each sentence with the correct subject pronoun from the box below. (5 points)

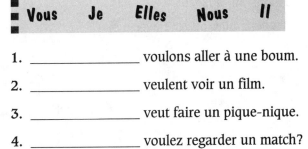

| Vous | Je | Elles | Nous | Il |

1. _____ voulons aller à une boum.

2. _____ veulent voir un film.

3. _____ veut faire un pique-nique.

4. _____ voulez regarder un match?

5. _____ veux faire une promenade.

SCORE [ ]

CHAPITRE 6

Quiz 6-2A

C. You and your friends are making plans for the weekend. Tell what everyone wants to do by rearranging the cues and completing each sentence with the correct forms of **vouloir.** Make all the necessary changes. (12 points)

1. Nathalie / zoo / vouloir / et Laurent / aller

   _____

2. aller / Gigi / centre commercial / vouloir

   _____

3. vouloir / je / un match / regarder / télé / de football

   _____

4. rester / tu / chez toi / vouloir

   _____

5. soir / vous / un film / vouloir / dimanche / voir

   _____

6. aller / et moi / vouloir / Sophie / piscine / nous

   _____

SCORE [_____]

D. Match the sentences below with the logical response. Use each response only once. (5 points)

_____ 1. J'ai soif.

_____ 2. J'adore Picasso!

_____ 3. Tu ne viens pas?

_____ 4. On peut faire du ski.

_____ 5. Je voudrais nager.

a. Bonne idée. J'adore les sports d'hiver.

b. Non, j'ai des trucs à faire.

c. Moi, non plus.

d. Allons à la plage!

e. Allons au musée!

f. Tu veux aller au café avec moi?

SCORE [_____]

TOTAL SCORE [_____] /30

CHAPITRE 6

Amusons-nous!

■ DEUXIEME ETAPE

I. Listening

A. Listen to the following conversations. Decide whether the person a) **accepts** or b) **declines** the invitation. (10 points)

1. _____   4. _____

2. _____   5. _____

3. _____

SCORE _____

II. Reading

B. A group of French students will be visiting your school this week and your friends are responsible for entertaining them. Read the descriptions of the French students below. Then choose the suggestion that would be the most appropriate for each student. (10 points)

a. On fait les magasins?

b. Allons danser!

c. Tu veux aller à la plage?

d. On va au musée?

e. Tu veux aller voir un film?

f. On joue au foot?

1. _____ Pauline adore le cinéma, surtout les comédies. De temps en temps, elle aime faire des vidéos avec ses amis.

2. _____ L'exposition Picasso, quelle joie pour Emile! Il adore la peinture.

3. _____ Michèle adore aller au centre commercial. Elle aime beaucoup acheter de nouveaux vêtements, surtout des jeans et des pull-overs.

4. _____ Nadine adore nager! Elle va à la piscine au moins trois fois par semaine. Le week-end, elle aime faire du ski nautique.

5. _____ Luc adore aller à la discothèque. Il y va presque tous les samedis avec ses amis.

SCORE _____

Quiz 6-2B

III. Writing

C. You'd like to do the activities pictured below this weekend. Write a conversation in which you invite a friend to do these activities with you on a particular day. Your friend will refuse three of the invitations and then accept one. Use a different expression to extend and refuse each invitation. (10 points)

_____

_____

_____

_____

_____

_____

_____

_____

_____

_____

SCORE ☐

TOTAL SCORE ☐ /30

6 Amusons-nous!

CHAPITRE

■ TROISIEME ETAPE

Maximum Score: 40/100

Grammar and Vocabulary

A. Match each of the responses on the left with the appropriate question from the column on the right. (10 points)

_____ 1. Il est trois heures et demie.

_____ 2. Ce week-end.

_____ 3. Demain matin.

_____ 4. Avec Sophie.

_____ 5. Chez ma tante.

_____ 6. Avec mes copains.

_____ 7. A midi.

_____ 8. Au parc St. Germain.

_____ 9. Il est quinze heures.

_____ 10. A six heures.

a. Quand?

b. Avec qui?

c. Où ça?

d. A quelle heure?

e. Quelle heure est-il?

SCORE _____

B. Write out the times below in conversational French. Make sure you mention whether it's in the morning, in the afternoon, or in the evening. (12 points)

1. 1:17 P.M. _____

2. 4:30 P.M. _____

3. 8:15 P.M. _____

4. 9:45 A.M. _____

5. 7:50 P.M. _____

6. 10:00 A.M. _____

SCORE _____

CHAPITRE 6

Quiz 6-3A

C. You're responsible for a group of French exchange students who've just arrived in your town. Ask them the following questions, so that you can stay informed of their whereabouts. (10 points)

1. Where are you going on Tuesday afternoon?

   _____

2. What are you going to do this evening?

   _____

3. When are you going to the stadium?

   _____

4. With whom are you going to the park?

   _____

5. At what time are we meeting?

   _____

SCORE [   ]

D. Isabelle is talking on the phone with Nicole. You can only hear one side of their conversation. Using complete sentences, write what Nicole might logically be saying. (8 points)

ISABELLE Je veux aller à la plage. Tu viens?

NICOLE **(1)** _____

ISABELLE Dimanche après-midi.

NICOLE **(2)** _____

ISABELLE Avec Jacques et Claire.

NICOLE **(3)** _____

ISABELLE A quatre heures. On se retrouve vers 3h30.

NICOLE **(4)** _____

ISABELLE Chez moi.

SCORE [   ]

TOTAL SCORE [/40]

Amusons-nous!

■ TROISIEME ETAPE

Maximum Score: 40/100

I. Listening

A. Your friend Sophie left a message on your telephone answering machine. Listen to the message, and then answer the questions below. (9 points)

1. _____ Where does Sophie invite you to go?
   a. to the zoo
   b. to a museum
   c. to the park

2. _____ Where is everyone supposed to meet?
   a. at Sophie's house
   b. at a metro stop
   c. in front of the library

3. _____ What time is everyone going to meet?
   a. 11:45
   b. 9:45
   c. 10:15

SCORE [   ]

II. Reading

B. Sophie received an invitation from her friend Céline. Read the invitation and Sophie and Arnaud's conversation. Then decide whether the statements that follow are **a) true** or **b) false.** (10 points)

Pour fêter l'anniversaire de Patrice,
tu es invité(e) à passer une soirée super.

On se retrouve

chez _____Céline_____

le _____18 octobre_____

de _____20h à 23h_____

N'oublie pas de confirmer avant le 15 octobre
en appelant Céline au 02.40.13.24.03

SOPHIE   Dis, Arnaud? Tu veux aller à la boum de Céline?
ARNAUD   Je ne suis pas sûr. C'est quand?
SOPHIE   Euh... le 19 octobre. Samedi soir.
ARNAUD   C'est à quelle heure?
SOPHIE   A sept heures.
ARNAUD   D'accord. On se retrouve où?
SOPHIE   Chez Céline à sept heures.
ARNAUD   Entendu.

1. _____ Céline is having a birthday party for herself.

2. _____ The party will be at Céline's house.

3. _____ All the information that Sophie gives to Arnaud about the party is correct.

4. _____ Arnaud decides not to go to the party.

5. _____ Arnaud and Sophie should reply before October 15.

SCORE [   ]

Quiz 6-3B

III. Culture

C. Write out what the following official times would be in informal conversation. (8 points)

1. 18h45 _____
2. 20h20 _____
3. 23h30 _____
4. 21h00 _____

SCORE

IV. Writing

D. Choose a movie you'd like to see from the schedule below. Then write a note to your parent telling that you're planning to see a movie this evening, what movie you're planning to see, at what time, with whom you're going, and when and where you're going to meet. (13 points)

Le Beaumont   15, Bd des Italiens • 75002 PARIS

○ **Blanche-Neige et les 7 nains,** *v.f. Séances :* 12h, 14h15, 16h30, 18h45, 20h15
○ **Dinosaures,** *v.f. Séances :* 11h55, 13h55, 15h55
○ **Hamlet,** *v.o. Séances :* 13h40, 16h15, 18h55, 21h30
○ **Tous les matins du monde,** *Séances :* 11h30, 14h, 16h30, 19h, 21h30
○ **Fievel au Far West,** *v.o. Séances :* 13h30, 15h, 16h30
○ **Les voyages de Gulliver,** *v.f. Séances :* 13h30, 16h30
○ **Casablanca,** *v.o. Séances :* 16h30, 19h

_____
_____
_____
_____
_____

SCORE

TOTAL SCORE   /40

CHAPITRE 6

Amusons-nous!

Chapter Test

I. Listening

Maximum Score: 28

A. Listen to the following conversations. For each one, decide whether the speaker **a) accepts** or **b) declines** the invitation. (10 points)

1. _____

2. _____

3. _____

4. _____

5. _____

SCORE [_____]

B. Listen as Thuy tells you what she and her friends are going to do this weekend. Match the people with the activities they're planning to do. (10 points)

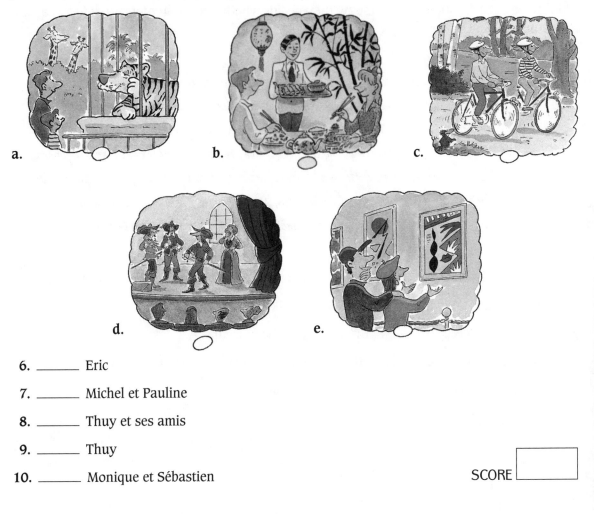

a.

b.

c.

d.

e.

6. _____ Eric

7. _____ Michel et Pauline

8. _____ Thuy et ses amis

9. _____ Thuy

10. _____ Monique et Sébastien

SCORE [_____]

Chapter Test

C. Listen to the phone message François left his friend Marie. As you listen to the message, choose the correct answers to the questions below. (8 points)

11. _____ Où vont-ils?
    a. au café   **b.** au musée   **c.** au stade

12. _____ Quel jour?
    a. samedi   **b.** dimanche   **c.** vendredi

13. _____ Où est-ce qu'ils se retrouvent?
    a. au Louvre   **b.** devant la station de métro   **c.** au musée

14. _____ A quelle heure?
    a. 8h30   **b.** 9h00   **c.** 9h30

SCORE [   ]

II. Reading

Maximum Score: 32

D. Read Cécile's journal for Thursday. Then decide whether the statements that follow are **a) true** or **b) false.** (10 points)

> jeudi, le 13 novembre
>
> Encore un jour et c'est le week-end! Youpi! J'adore le week-end. Ce week-end, je vais faire des tas de choses. D'abord, samedi matin, je vais faire une promenade aux Tuileries avec mon ami Bruno. Ensuite, je vais retrouver mon amie Catherine au musée et puis, nous allons déjeuner au café. Samedi soir, je vais probablement voir une pièce de théâtre avec mes sœurs Alice et Yvonne, mais je ne suis pas sûre, parce que je n'ai pas encore acheté les billets. Et dimanche, je vais faire mes devoirs et puis, un peu de jogging. J'aime beaucoup le sport. Dimanche soir, je vais me coucher très tôt.

15. _____ Cécile is not looking forward to the weekend because she has so many things to do.

16. _____ Cécile first plans on taking a walk with a friend.

17. _____ Cécile is meeting Bruno to go to the museum.

18. _____ Cécile might go to the theater to see a play on Saturday night.

19. _____ Cécile plans to go jogging on Sunday.

SCORE [   ]

CHAPITRE 6

E. While making plans for the summer, Sylvie and her friends came across this ad. Should they participate in the program? Read the ad and the statements that follow. Decide if this program would be **a) ideal** for each person or **b) not ideal.** (12 points)

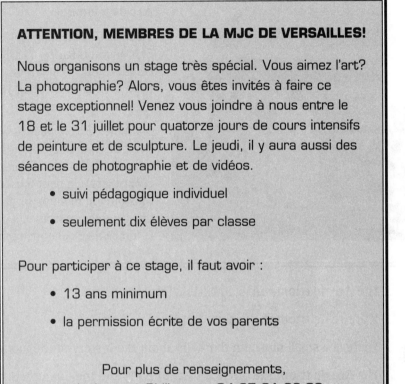

ATTENTION, MEMBRES DE LA MJC DE VERSAILLES!

Nous organisons un stage très spécial. Vous aimez l'art? La photographie? Alors, vous êtes invités à faire ce stage exceptionnel! Venez vous joindre à nous entre le 18 et le 31 juillet pour quatorze jours de cours intensifs de peinture et de sculpture. Le jeudi, il y aura aussi des séances de photographie et de vidéos.

- suivi pédagogique individuel
- seulement dix élèves par classe

Pour participer à ce stage, il faut avoir :

- 13 ans minimum
- la permission écrite de vos parents

Pour plus de renseignements,
téléphonez à Philippe au 04.67.91.23.09

20. _____ Sylvie would like to learn sculpture and painting this summer.

21. _____ Emilie plans on taking a vacation with her parents from July 21 to July 30.

22. _____ Paul doesn't enjoy art or photography.

23. _____ Françoise wants to participate in a program with small classes.

24. _____ Christophe will turn sixteen this summer.

25. _____ Elaine has tennis lessons on Thursdays.

SCORE

F. In preparation for your trip to Paris, read this brochure. Then decide whether the statements that follow are **a) true** or **b) false**. (10 points)

Arc de triomphe

Place de l'Etoile, Paris 8ᵉ / 01 43 80 31 31/ Métro ou RER : Charles de Gaulle-Etoile / Ouvert de 10h à 17h30 entre avril et septembre; 10h à 17h entre octobre et mars.

Symbole de l'épopée napoléonienne, l'Arc de triomphe offre un panorama exceptionnel sur les Champs-Elysées et sur Paris. Un petit musée raconte l'histoire du monument. Sous la grande arche se trouve, depuis 1920, la tombe du Soldat inconnu.

26. _____ The **Arc de triomphe** is accessible from the metro.

27. _____ The **Arc de triomphe** is closed in May.

28. _____ There is a small museum that tells about the history of the monument.

29. _____ The **Arc de triomphe** offers a view of Paris and the Champs-Elysées.

30. _____ The **Arc de triomphe** is open from 10:00 A.M. to 5:30 P.M. all year long.

SCORE _____

III. Culture

Maximum Score: 10

G. What do French teenagers do to have fun? Are they different from American teenagers? Why or why not? Give at least three details in your answer. (10 points)

_____

_____

_____

_____

_____

SCORE _____

CHAPITRE 6

IV. Writing

Maximum Score: 30

H. First write a question inviting a friend to go to the movies. Your friend has other plans and can't go. Write out four questions asking what he or she will be doing, where he or she is going, when, and with whom. (10 points)

1. _____?

2. _____?

3. _____?

4. _____?

5. _____?

SCORE [＿＿＿]

I. Elisabeth is calling Sandrine to invite her to do something this weekend. Complete their conversation logically. (8 points)

ELISABETH (1) _____

SANDRINE Vendredi soir? Je vais aller à une boum.

ELISABETH Et samedi?

SANDRINE (2) _____

ELISABETH Alors, tu veux aller faire les vitrines avec moi?

SANDRINE (3) _____

ELISABETH Ah oui, c'est vrai. Tu n'aimes pas faire les vitrines. Qu'est-ce qu'on peut faire, alors?

SANDRINE (4) _____

ELISABETH C'est une bonne idée, ça. A samedi!

SCORE [＿＿＿]

CHAPITRE 6

Chapter Test

J. Two of your friends left the following notes on your desk. Accept the first invitation and write a reply asking when and where to meet. Decline the second invitation and explain that you're busy. Then extend an invitation to the person who wrote the second note to do something else at another time. (12 points)

Salut! Christine et moi, nous allons au centre commercial samedi matin. On va faire les vitrines. Tu viens?

1. _____
   _____
   _____
   _____
   _____
   _____
   _____
   _____

Je vais voir un match de foot au stade dimanche après-midi. Tu as envie d'y aller? Écris-moi vite, je vais acheter les billets ce soir.

2. _____
   _____
   _____
   _____
   _____
   _____
   _____

3. _____
   _____
   _____
   _____
   _____
   _____

SCORE [____]

TOTAL SCORE [____] /100

Circle the letter that matches the most appropriate response.

I. Listening
Maximum Score: 28

A. (10 points)

1. a b
2. a b
3. a b
4. a b
5. a b

SCORE [   ]

B. (10 points)

6. a b c d e
7. a b c d e
8. a b c d e
9. a b c d e
10. a b c d e

SCORE [   ]

C. (8 points)

11. a b c
12. a b c
13. a b c
14. a b c

SCORE [   ]

II. Reading
Maximum Score: 32

D. (10 points)

15. a b
16. a b
17. a b
18. a b
19. a b

SCORE [   ]

E. (12 points)

20. a b
21. a b
22. a b
23. a b
24. a b
25. a b

SCORE [   ]

F. (10 points)

26. a b
27. a b
28. a b
29. a b
30. a b

SCORE [   ]

III. Culture
Maximum Score: 10

G. (10 points)

_____

_____

_____

_____

_____

SCORE [   ]

CHAPITRE 6

IV. Writing

Maximum Score: 30

H. (10 points)

1. _____?
2. _____?
3. _____?
4. _____?
5. _____?

SCORE [   ]

I. (8 points)

ELISABETH **(1)** _____

SANDRINE Vendredi soir? Je vais aller à une boum.

ELISABETH Et samedi?

SANDRINE **(2)** _____

ELISABETH Alors, tu veux aller faire les vitrines avec moi?

SANDRINE **(3)** _____

ELISABETH Ah oui, c'est vrai. Tu n'aimes pas faire les vitrines. Qu'est-ce qu'on peut faire,

alors?

SANDRINE **(4)** _____

ELISABETH C'est une bonne idée, ça. A samedi!

SCORE [   ]

J. (12 points)

1. _____

_____

_____

2. _____

_____

_____

3. _____

_____

_____

SCORE [   ]

TOTAL SCORE [/100]

Quiz 6-1B Première étape

I. Listening

ANGELE   Monique, on va faire quoi ce week-end?

MONIQUE   On va faire beaucoup de choses! Samedi matin, nous allons nager à la piscine. L'après-midi, nous allons faire les vitrines au centre commercial et le soir, nous allons manger au restaurant italien.

ANGELE   Chouette! Et dimanche?

MONIQUE   Dimanche après-midi, nous allons voir un match et nous allons à une boum avec Marcel et Edith dimanche soir.

ANGELE   Ça va être un week-end génial!

Quiz 6-2B Deuxième étape

I. Listening

1. — Salut, Michel. On va voir un film. Tu viens?
   — Qu'est-ce que vous allez voir?
   — *La Guerre des étoiles.*
   — Je veux bien. C'est un film excellent.

2. — Dis, Mireille, tu veux faire les magasins avec moi cet après-midi?
   — Désolée, j'ai des trucs à faire.

3. — François, tu veux voir un match de tennis samedi matin?
   — Je ne peux pas. Je suis occupé le matin.
   — Dommage.

4. — Bonjour, Simone. Qu'est-ce que tu vas faire demain?
   — Rien de spécial.
   — On peut faire un pique-nique.
   — Bonne idée.

5. — Salut Paul, Agathe et moi, nous allons voir une pièce ce soir. Tu veux venir avec nous?
   — C'est quelle pièce?
   — C'est *Cyrano de Bergerac.*
   — Pourquoi pas?

Quiz 6-3B Troisième étape

I. Listening

(Answering machine beep)

Bonjour, c'est Sophie. On va au parc ce week-end avec Camille. Est-ce que tu veux venir? On se retrouve dimanche matin au métro Jean-Jaurès à dix heures moins le quart. D'accord? A dimanche alors! Au revoir.

ANSWERS Quiz 6-1A

A. (10 points: 2 points per item)
1. Va au théâtre!
2. Allez au stade!
3. Va au centre commercial!
4. Va à la plage!
5. Allez au parc!

B. (5 points: 1 point per item)
1. vas
2. vont
3. allons
4. vais
5. allez

C. (10 points: 2 points per item)
1. Samuel va faire les vitrines le lundi.
2. Denise va faire du patin à glace.
3. Nous allons parler au téléphone avec les copains.
4. Vous allez faire un pique-nique au parc.
5. Tu vas étudier pour le bac.

D. (5 points: 1 point per item)
1. d
2. a
3. f
4. b
5. c

ANSWERS Quiz 6-1B

I. Listening (10 points: 2 points per item)
   A. 1. c
   2. e
   3. a
   4. d
   5. b

II. Reading (10 points: 2 points per item)
   B. 1. a
   2. b
   3. a
   4. b
   5. a

III. Writing (10 points)
   C. Answers will vary. Possible answer:
   JULIE   Qu'est-ce que tu vas faire ce week-end avec Guy?
   STUDENT Samedi, nous allons voir un match de tennis au stade. Dimanche, je vais à la bibliothèque, mais Guy va voir une pièce au théâtre. Et Nicole et toi, vous allez faire quoi ce week-end?
   JULIE   Pas grand-chose. Samedi, on va faire une promenade au parc et dimanche, on va au cinéma.

Answers to Quizzes 6-2A and 6-2B • Chapitre 6

ANSWERS Quiz 6-2A

A. (8 points: 1 point per item)
1. r
2. a
3. a
4. r
5. a
6. r
7. a
8. r

B. (5 points: 1 point per item)
1. Nous
2. Elles
3. Il
4. Vous
5. Je

C. (12 points: 2 points per item)
1. Nathalie et Laurent veulent aller au zoo.
2. Gigi veut aller au centre commercial.
3. Je veux regarder un match de football à la télé.
4. Tu veux rester chez toi.
5. Vous voulez voir un film dimanche soir.
6. Sophie et moi, nous voulons aller à la piscine.

D. (5 points: 1 point per item)
1. f
2. e
3. b
4. a
5. d

ANSWERS Quiz 6-2B

I. Listening (10 points: 2 points per item)
A.
1. a
2. b
3. b
4. a
5. a

II. Reading (10 points: 2 points per item)
B.
1. e
2. d
3. a
4. c
5. b

III. Writing (10 points)
C. Answers will vary. Possible answer:
— Tu veux aller au cinéma avec moi samedi après-midi?
— Oh, j'ai des trucs à faire.
— Samedi soir, on va manger au Café Moulin. Tu viens?
— Désolé(e), je ne peux pas. Je vais aller à une boum.
— Alors, on va au musée dimanche?
— Ça ne me dit rien.
— Allons à la piscine!
— Bonne idée!

Answers to Quizzes 6-3A and 6-3B • Chapitre 6

ANSWERS Quiz 6-3A

A. (10 points: 1 point per item)

1. e	6. b
2. a	7. d
3. a	8. c
4. b	9. e
5. c	10. d

B. (12 points: 2 points per item)
Answers may vary. Possible answers:
1. Une heure dix-sept de l'après-midi
2. Quatre heures et demie de l'après-midi
3. Huit heures et quart du soir
4. Dix heures moins le quart du matin
5. Huit heures moins dix du soir
6. Dix heures du matin

C. (10 points: 2 points per item)
Answers may vary. Possible answers:
1. Où est-ce que vous allez mardi après-midi?
2. Qu'est-ce que vous allez faire ce soir?
3. Quand est-ce que vous allez au stade?
4. Avec qui est-ce que vous allez au parc?.
5. A quelle heure est-ce qu'on se retrouve?

D. (8 points: 2 points per item)
1. Quand? / Quand ça?
2. Avec qui?
3. A quelle heure?
4. Où? / Où ça?

ANSWERS Quiz 6-3B

I. Listening (9 points: 3 points per item)
  A. 1. c
     2. b
     3. b

II. Reading (10 points: 2 points per item)
  B. 1. b
     2. a
     3. b
     4. b
     5. a

III. Culture (8 points: 2 points per item)
  C. 1. Il est sept heures moins le quart.
     2. Il est huit heures vingt.
     3. Il est onze heures et demie.
     4. Il est neuf heures.

IV. Writing (13 points)
  D. Answers will vary. Possible answer:
Maman,
    Ce soir, je vais voir un film au Cinéma Beaumont avec Louis. On va voir *Casablanca* à sept heures. On se retrouve à six heures et demie devant le cinéma. A bientôt!

I. Listening

    A. 1. — Dimanche après-midi, je vais voir un match de foot. Tu viens?
                  — Désolé, je suis occupé dimanche.

          2. — Je vais faire une promenade au parc. Tu veux y aller?
                  — Oui, je veux bien.

          3. — Allons au centre commercial cet après-midi!
                  — Désolée, mais j'ai des devoirs à faire.

          4. — Tu veux voir un film?
                  — Non, je n'aime pas beaucoup le cinéma.

          5. — Mon frère et moi, nous allons au zoo vendredi. Tu viens?
                  — Pourquoi pas? Allons-y.

    B. 6. Eric adore manger et cuisiner. Il veut aller dans un restaurant chinois.

          7. Michel et Pauline font du vélo au parc tous les week-ends.

          8. Mes amis et moi, nous allons au zoo de Vincennes demain.

          9. Moi, j'adore les musées. Je vais aller au musée Gauguin cet après-midi.

       10. Qu'est-ce que Monique et Sébastien vont faire? Ils vont voir une pièce de théâtre.

    C. Salut, Marie, ça va? C'est François. Je voudrais aller au musée. Tu veux venir avec moi? J'y vais samedi matin en métro. On se retrouve devant la station de métro à neuf heures et demie? A samedi!

Answers to Chapter Test • Chapitre 6

I. Listening Maximum Score: 28 points

A. (10 points: 2 points per item)
1. b
2. a
3. b
4. b
5. a

B. (10 points: 2 points per item)
6. b
7. c
8. a
9. e
10. d

C. (8 points: 2 points per item)
11. b
12. a
13. b
14. c

II. Reading Maximum Score: 32 points

D. (10 points: 2 points per item)
15. b
16. a
17. b
18. a
19. a

E. (12 points: 2 points per item)
20. a
21. b
22. b
23. a
24. a
25. b

F. (10 points: 2 points per item)
26. a
27. b
28. a
29. a
30. b

III. Culture Maximum Score: 10 points

G. (10 points)
Answers will vary. Possible answers:
French teenagers enjoy the same things American teenagers do.
French teenagers go to movies, plays, concerts, and parties.
French students also go to a **Maison des jeunes et de la culture**; French teenagers tend to go out in groups.

IV. Writing Maximum Score: 30 points

H. (10 points: 2 points per item)
Answers will vary. Possible answers:
1. Tu veux aller au cinéma avec moi samedi soir?
2. Qu'est-ce que tu vas faire?
3. Où est-ce que tu vas?
4. A quelle heure? Quand ça?
5. Tu vas avec qui?

I. (8 points: 2 points per item)
Answers will vary. Possible answers:
1. Qu'est-ce que tu vas faire vendredi soir?
2. Rien de spécial.
3. Non, ça ne me dit rien.
4. On peut faire un pique-nique au parc.

J. (12 points: 4 points per item)
Answers will vary. Possible answers:
1. Je veux bien faire les vitrines avec vous. A quelle heure? Où est-ce qu'on se retrouve?
2. Désolé(e), mais je ne peux pas aller au stade. Je suis occupé(e) dimanche.
3. Qu'est-ce que tu vas faire lundi soir? Je vais au zoo avec mes copains. Tu viens?

CHAPITRE 6

156 Testing Program

Allez, viens! Level 1, Chapter 6

HRW material copyrighted under notice appearing earlier in this work.

I. Listening

Maximum Score: 30

A. Listen to the following remarks. For each one, decide whether the speaker a) **likes** or b) **dislikes** the items mentioned. (5 points)

1. _____

2. _____

3. _____

4. _____

5. _____

SCORE [   ]

B. Read Robert's school schedule. Then listen to the following statements and decide if they're a) **true** or b) **false**. (5 points)

6. _____

7. _____

8. _____

9. _____

10. _____

L'emploi du temps de Robert	
8h00	Anglais
9h00	Maths
Récréation	
10h30	Biologie
11h30	Français
12h30	Déjeuner
1h30	Histoire/géographie
Récréation	
3h00	Espagnol
4h00	Libre

SCORE [   ]

C. Listen to the following conversation and match the items mentioned with their correct prices. (5 points)

a. 55 F   b. 11 F   c. 36 F   d. 16 F   e. 215 F

11. _____ classeur

12. _____ crayons de couleur

13. _____ trousse

14. _____ calculatrice

15. _____ règle

SCORE [   ]

D. Sophie and her friends are in a café. Listen to their conversation and then choose what each person orders. (5 points)

16. _____   **a.** cheese sandwich

17. _____   **b.** salami sandwich and coffee

18. _____   **c.** apple juice

19. _____   **d.** steak and fries

20. _____   **e.** hot dog and lemon soda   SCORE ⬚

E. Listen as Marc invites his friends to do things with him. Decide if they **a) accept** or **b) turn down** his invitations. (5 points)

21. _____

22. _____

23. _____

24. _____

25. _____   SCORE ⬚

F. Listen as Adjoua and Jean-Luc make plans for the weekend. Then choose the correct completion for each of these statements. (5 points)

26. _____ Adjoua and Jean-Luc are going to . . . this weekend.
  a. see a play
  b. see a movie
  c. watch a game at the stadium

27. _____ They make plans for . . .
  a. Friday night.
  b. Saturday afternoon.
  c. Saturday night.

28. _____ They agree to meet at . . .
  a. 8:00 P.M.
  b. 8:15 P.M.
  c. 7:45 P.M.

29. _____ They will meet . . .
  a. in front of the movie theater.
  b. in front of the stadium.
  c. at Jean-Luc's house.

30. _____ On Sunday, Adjoua and Jean-Luc are . . .
  a. going to the museum.
  b. going shopping.
  c. going to a café.   SCORE ⬚

II. Reading

Maximum Score: 30

A. Annick is writing a letter to her new pen pal in the United States. Read her letter and decide if the statements that follow are a) **true** or b) **false**. (5 points)

Chère Amy,

Je m'appelle Annick et j'ai quatorze ans. Et toi? Quel âge as-tu? Je suis contente d'être ta correspondante. J'aime beaucoup le cinéma et la télévision, mais je n'aime pas tellement le sport. Je fais du jogging de temps en temps, mais c'est tout. Et toi, tu fais beaucoup de sport? J'aime aussi les concerts et la musique rock. Le soir, j'aime parler au téléphone avec mes copains. Je vais souvent au café avec mes amis. Et toi, qu'est-ce que tu aimes faire avec tes amis?

A bientôt,
Annick

31. _____ Annick is fifteen years old.

32. _____ Annick enjoys sports.

33. _____ Annick jogs every day.

34. _____ Annick enjoys listening to music.

35. _____ Annick enjoys going to the café with her friends.

SCORE _____

B. Read Stéphanie's schedule. Then match her classes with the days they meet. (5 points)

EMPLOI DU TEMPS				NOM: Stéphanie Lambert			CLASSE: 3e
	LUNDI	**MARDI**	**MERCREDI**	**JEUDI**	**VENDREDI**	**SAMEDI**	**DIMANCHE**
MATIN 8h00	Allemand	Arts plastiques	Mathématiques	Mathématiques	Français		
9h00	Français	Arts plastiques	Anglais	Sciences nat	Français	Anglais	
10h00	**Récréation**	**Récréation**	**Récréation**	**Récréation**	**Récréation**	TP physique	
10h15	EPS	Allemand	Français	EPS	Sciences nat	TP physique	
11h15	Sciences nat	**Etude**	Histoire/Géo	**Etude**	Arts plastiques	[Sortie]	
12h15	Déjeuner	Déjeuner	[Sortie]	Déjeuner	Déjeuner		
APRES-MIDI 14h00	Histoire/Géo	Mathématiques	**APRES-MIDI**	Histoire/Géo	Allemand	**APRES-MIDI**	
15h00	Anglais	Physique/Chimie	**LIBRE!**	Physique/Chimie	Mathématiques	**LIBRE!**	
16h00	**Récréation**	[Sortie]		**Récréation**	[Sortie]		
16h15	Mathématiques			Arts plastiques			
17h15	[Sortie]			[Sortie]			

36. _____ English   a. Monday, Tuesday, Friday

37. _____ Gym   b. Monday, Wednesday, Saturday

38. _____ German   c. Monday, Thursday

39. _____ History   d. Monday, Tuesday, Wednesday, Thursday, Friday

40. _____ Math   e. Monday, Wednesday, Thursday

SCORE _____

C. Five lucky students each won $100 to buy items they need for school. They wrote down what they would like to buy with the money. Match each student's list with his or her purchases. (5 points)

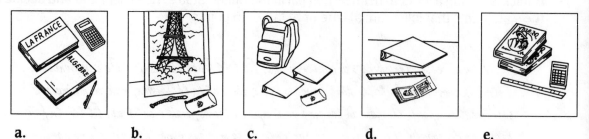

a.   b.   c.   d.   e.

41. _____ «Je voudrais acheter deux classeurs, un sac à dos et une trousse.»

42. _____ «Moi, je voudrais acheter des livres, un stylo et une calculatrice.»

43. _____ «Il me faut un portefeuille, un classeur et une règle.»

44. _____ «Je voudrais acheter une montre, un poster et une trousse.»

45. _____ «Je voudrais acheter des romans, une calculatrice et une règle.»

SCORE [____]

D. Read the following survey that Christophe completed. Then decide if the statements are **a) true** or **b) false.** (5 points)

Qu'est-ce que tu fais après l'école?

1. Je fais du sport...
   _____ a. souvent.
   __X__ b. une fois par semaine.
   _____ c. rarement.

2. En général, avec mes amis, je...
   _____ a. regarde la télé.
   __X__ b. vais au café.
   _____ c. joue au foot.

3. A la télé, je regarde surtout...
   _____ a. du sport.
   _____ b. des films.
   __X__ c. des clips vidéo.

4. Quand il fait beau, je...
   __X__ a. fais du roller.
   _____ b. fais les magasins.
   _____ c. lis des romans.

5. Quand il fait très froid, j'aime...
   _____ a. faire du patin à glace.
   _____ b. regarder la télé.
   __X__ c. jouer à des jeux vidéo.

46. _____ Christophe participates in sports once a week.

47. _____ He watches television with his friends.

48. _____ He watches sports on television.

49. _____ He likes to go in-line skating when the weather is nice.

50. _____ He plays video games when the weather is cold.

SCORE [____]

E. Read the three café menus and the conversations that follow. Would you overhear each conversation at **a) Café de Paris**, **b) Café de la gare**, or **c) Café Américain?** (5 points)

Café de Paris

15, Place du Palais - 75004 Paris
Téléphone 01-43-54-20-21

Nos glaces

Coupe Melba 50
Coupe Nougat 46
Banana Split 42

Nos boissons

Eau minérale 14
Jus de fruit 16
Café 10
Thé 8

SERVICE COMPRIS 15%

Café Américain

135, Boulevard d'Argençon • 75008 Paris • Téléphone 01-44-15-30-33

★ **Pizzas** ★

Trois fromages 50
Suprême 65

★ **Plats** ★

Couscous 50
Steak-frites 45

★ **Boissons** ★

Cola 12
Limonade 15
Eau minérale 13

SERVICE COMPRIS 15 %

87, Avenue Victor Hugo - 75017 Paris
Tél. 01-45-62-52-53

Sandwiches

Croque-monsieur — 30
Sandwich au jambon — 25
Sandwich au fromage — 20
Sandwich au rosbif — 25

Boissons

Orangina, Cola — 10
Eau minérale — 12
Café — 8
Jus de fruit — 14

51. _____ — Vous avez choisi?
— Oui, je vais prendre un sandwich au fromage et un café.

52. _____ — Tu as faim?
— Oui, j'ai envie de manger une pizza.
— Et moi, je voudrais un steak-frites.

53. _____ — C'est combien, le jus de fruit?
— 16 F, monsieur.
— Le service est compris?
— Oui, monsieur.

54. _____ — Je vais prendre une eau minérale, s'il vous plaît.
— Oui.
— Ça fait combien?
— 13 F.

55. _____ — Qu'est-ce que tu vas prendre?
— Un café. Et toi?
— Je ne sais pas, mais j'adore la glace.
— Alors, prends une coupe melba.

SCORE

F. René and Arlette are making plans for the weekend. Read their conversation and then decide if the statements that follow are **a) true** or **b) false**. (5 points)

ARLETTE	Salut, René. Qu'est-ce que tu vas faire ce week-end?
RENE	Vendredi soir, je vais aller au cinéma. Tu viens avec moi?
ARLETTE	Non, je ne peux pas. Je vais au restaurant avec ma famille. Tu veux aller au centre commercial samedi matin?
RENE	Samedi matin? Non, je vais jouer au tennis avec Charles. Mais, je suis libre l'après-midi.
ARLETTE	Alors, on va au centre commercial vers trois heures?
RENE	D'accord. Où est-ce qu'on se retrouve?
ARLETTE	Chez moi. Et après les magasins, tu veux aller au café?
RENE	Non, j'ai des trucs à faire.
ARLETTE	Dis donc, tu as toujours quelque chose à faire!

56. _____ Arlette is going to the movies Friday night.

57. _____ Arlette invites René to go to the mall on Saturday morning.

58. _____ René is playing tennis on Saturday afternoon.

59. _____ René and Arlette are meeting at René's house at 3:00 P.M.

60. _____ René and Arlette decide to go to a café on Saturday evening.

SCORE _____

III. Culture

Maximum Score: 10

A. Read the following statements about French cafés and decide if each one is **a) true** or **b) false**. (5 points)

61. _____ Cafés generally serve beverages and some snack foods.

62. _____ You may remain in a café as long as you like if you order something.

63. _____ It's polite to address the waiter as **Garçon**.

64. _____ To ask for the bill, you would say «**La carte, s'il vous plaît**».

65. _____ A tip is usually not added to the check in French cafés and restaurants.

SCORE _____

B. From what you've learned about the French school system, how is it different from the educational system in the United States? You should write at least three sentences. (5 points)

_____

_____

_____

_____

_____

_____

SCORE [   ]

IV. Writing

Maximum Score: 30

A. It's the beginning of the school year and you still need three school supplies and two personal items to get ready for school. Write a conversation in which you get a salesperson's attention and ask if he or she has the items you need. One of the items you need is not available. Find out the prices for the available items. Be sure to specify colors for all the items. Remember to be polite. You should write at least eight sentences. (10 points)

_____

_____

_____

_____

_____

_____

_____

_____

_____

_____

_____

_____

_____

_____

SCORE [   ]

B. You're asking the French exchange student, Renaud, what classes he has, at what times, and how he likes them. You find out that you have at least one class together, but you and Renaud have different opinions about it. You should write at least eight sentences. (10 points)

_____

_____

_____

_____

_____

_____

_____

SCORE [   ]

C. Write a letter to your pen pal about your activities during each of the four seasons. Tell him or her what sports and hobbies you do, in what season, in what weather conditions, and how often. You should write at least eight sentences. (10 points)

_____

_____

_____

_____

_____

_____

_____

_____

_____

_____

SCORE [   ]

TOTAL SCORE [/100   ]

Circle the letter that matches the most appropriate response.

I. Listening

Maximum Score: 30

A. (5 points)

1. a   b
2. a   b
3. a   b
4. a   b
5. a   b

SCORE _____

B. (5 points)

6. a   b
7. a   b
8. a   b
9. a   b
10. a   b

SCORE _____

C. (5 points)

11. a   b   c   d   e
12. a   b   c   d   e
13. a   b   c   d   e
14. a   b   c   d   e
15. a   b   c   d   e

SCORE _____

D. (5 points)

16. a   b   c   d   e
17. a   b   c   d   e
18. a   b   c   d   e
19. a   b   c   d   e
20. a   b   c   d   e

SCORE _____

E. (5 points)

21. a   b
22. a   b
23. a   b
24. a   b
25. a   b

SCORE _____

F. (5 points)

26. a   b   c
27. a   b   c
28. a   b   c
29. a   b   c
30. a   b   c

SCORE _____

II. Reading

Maximum Score: 30

A. (5 points)

31. a   b
32. a   b
33. a   b
34. a   b
35. a   b

SCORE _____

B. (5 points)

36. a   b   c   d   e
37. a   b   c   d   e
38. a   b   c   d   e
39. a   b   c   d   e
40. a   b   c   d   e

SCORE _____

C. (5 points)

41. a   b   c   d   e
42. a   b   c   d   e
43. a   b   c   d   e
44. a   b   c   d   e
45. a   b   c   d   e

SCORE _____

D. (5 points)

46. a b

47. a b

48. a b

49. a b

50. a b

SCORE [   ]

E. (5 points)

51. a b c

52. a b c

53. a b c

54. a b c

55. a b c

SCORE [   ]

F. (5 points)

56. a b

57. a b

58. a b

59. a b

60. a b

SCORE [   ]

III. Culture

Maximum Score: 10

A. (5 points)

61. a b

62. a b

63. a b

64. a b

65. a b

SCORE [   ]

B. (5 points)

_____

_____

_____

_____

SCORE [   ]

IV. Writing

Maximum Score: 30

A. (10 points)

_____

_____

_____

_____

_____

_____

SCORE [   ]

B. (10 points)

_____

_____

_____

_____

_____

_____

_____

_____

_____

_____

_____

SCORE [＿＿＿]

C. (10 points)

_____

_____

_____

_____

_____

_____

_____

_____

_____

_____

_____

SCORE [＿＿＿]

TOTAL SCORE [＿ **/100**]

Listening Scripts for Midterm Exam

I. Listening

A.
1. Moi, j'adore la glace.
2. Faire les magasins, c'est barbant.
3. J'aime bien le sport. J'adore surtout faire de la natation.
4. Ecouter de la musique, c'est génial!
5. Regarder la télé? C'est pas super.

B.
6. A dix heures et demie, Robert a biologie.
7. Robert a allemand à onze heures et demie.
8. Il est libre à trois heures et demie.
9. Robert a maths le matin.
10. Robert a espagnol l'après-midi.

C.
— Pardon, madame. C'est combien, la calculatrice?
— Deux cent quinze francs.
— C'est cher. Vous avez des classeurs?
— Oui, nous avons ces classeurs rouges et bleus.
— C'est combien, un classeur?
— Trente-six francs.
— Il me faut aussi une règle pour les maths. C'est combien?
— C'est seize francs.
— J'ai besoin d'une trousse aussi.
— Nous avons des trousses de toutes les couleurs.
— C'est combien, la rouge?
— C'est cinquante-cinq francs.
— J'aime bien les crayons de couleur. C'est combien, ces crayons-là?
— Onze francs.
— Merci, madame.

D. 16. — Vous avez choisi?
    — Oui, je vais prendre un hot-dog et une limonade.
17. — Qu'est-ce que vous avez comme sandwiches?
    — Nous avons des sandwiches au saucisson et au fromage.
    — Apportez-moi un sandwich au fromage, s'il vous plaît.
18. — Vous prenez?
    — Je vais prendre un steak-frites, s'il vous plaît.
19. — Vous avez choisi?
    — Oui, un sandwich au saucisson et un café, s'il vous plaît.
20. — Qu'est-ce que vous avez comme jus de fruit?
    — Du jus d'orange, du jus de pomme...
    — Je vais prendre un jus de pomme.

E. 21. — On va au café. Tu viens, Sandrine?
    — Oui, d'accord.
22. — Eric, on joue au base-ball cet aprèm?
    — Je ne peux pas. J'ai des trucs à faire.
23. — Tu veux faire du ski ce week-end?
    — Oui, j'adore le ski!
24. — Tu viens avec nous au parc, Gérard?
    — Désolé, j'ai des devoirs à faire.
25. — J'ai très faim. Tu viens au restaurant avec moi?
    — D'accord. Moi aussi, j'ai faim.

F. — Jean-Luc, qu'est-ce qu'on va faire ce week-end?
  — Tu veux voir un film au Beaumont?
  — Oui, bonne idée. Vendredi soir?
  — Non, je ne peux pas vendredi. Samedi soir?
  — D'accord. A quelle heure commence le film?
  — A huit heures et quart.
  — Entendu. Où est-ce qu'on se retrouve?
  — Devant le cinéma à huit heures.
  — Bon. Et dimanche, tu veux aller au café?
  — Oui, bonne idée.

Answers to Midterm Exam

I. Listening   Maximum Score: 30 points

A. (5 points: 1 point per item)
1. a
2. b
3. a
4. a
5. b

B. (5 points: 1 point per item)
6. a
7. b
8. b
9. a
10. a

C. (5 points: 1 point per item)
11. c
12. b
13. a
14. e
15. d

D. (5 points: 1 point per item)
16. e
17. a
18. d
19. b
20. c

E. (5 points: 1 point per item)
21. a
22. b
23. a
24. b
25. a

F. (5 points: 1 point per item)
26. b
27. c
28. a
29. a
30. c

II. Reading   Maximum Score: 30 points

A. (5 points: 1 point per item)
31. b
32. b
33. b
34. a
35. a

B. (5 points: 1 point per item)
36. b
37. c
38. a
39. e
40. d

C. (5 points: 1 point per item)
41. c
42. a
43. d
44. b
45. e

D. (5 points: 1 point per item)
46. a
47. b
48. b
49. a
50. a

E. (5 points: 1 point per item)
51. b
52. c
53. a
54. c
55. a

F. (5 points: 1 point per item)
56. b
57. a
58. b
59. b
60. b

III. Culture   Maximum Score: 10 points

A. (5 points: 1 point per item)
61. a
62. a
63. b
64. b
65. b

B. (5 points)
Answers will vary. Possible answer:
The grade sequencing is different for French students. French students must pass the **bac** before they can go on to the university. French **lycée** students usually buy their own textbooks as well as supplies. Many French **lycée** students do not have classes on Wednesday afternoon, but they do have class on Saturday morning.

IV. Writing   Maximum Score: 30 points

A. (10 points) Answers will vary.
B. (10 points) Answers will vary.
C. (10 points) Answers will vary.

CHAPITRE

7 La famille

■ PREMIERE ETAPE

Maximum Score: 35/100

Grammar and Vocabulary

A. Which member of her family is Jacqueline talking about in the sentences below? Answer using **son**, **sa**, or **ses**. (20 points)

1. C'est le père de ma mère. _____

2. Voilà la sœur de ma mère. _____

3. Voici le frère de ma cousine. _____

4. C'est la mère de mon frère. _____

5. Voilà le père de mon cousin. _____

6. Voici le mari de ma mère. _____

7. C'est la mère de ma mère. _____

8. Voilà le frère de ma sœur. _____

9. Voici les sœurs de mon cousin. _____

10. C'est le père de mon fils. _____

SCORE [____]

B. As you look through a family photo album, you come across several wedding photos. Explain to your little brother who everyone is. Complete the sentences with **du, de la, de l'**, or **des.** (5 points)

1. C'est la mère _____ cousine de Paul.

2. Ce sont les parents _____ grands-parents de Mimi.

3. C'est le fils _____ oncle de Marianne.

4. C'est l'oncle _____ frère de Xavier.

5. C'est la sœur _____ père de Gauthier.

SCORE [____]

CHAPITRE 7

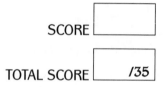

Quiz 7-1A

C. Complete each of the following sentences with the correct possessive adjective. (10 points)

1. Je cherche _____ tee-shirts.

2. Nous aimons _____ album de photos.

3. Tu aimes _____ disque compact.

4. Bernard et Yves ont _____ livre.

5. Marc a _____ radio.

6. Tu cherches _____ calculatrice.

7. Vous parlez avec _____ grands-parents.

8. Céline a _____ sac.

9. Nous avons _____ baskets.

10. Je cherche _____ amie.

SCORE _____

TOTAL SCORE ____/35____

CHAPITRE 7

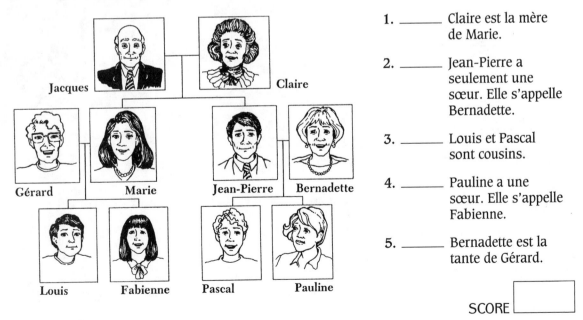

Quiz 7-1B

Maximum Score: 35/100

■ PREMIERE ETAPE

I. Listening

A. Alain is looking at some photos he just had developed at the photo shop. He discovers that his photos were mixed up with those of his friends. Listen as he sorts through the photos and place a check mark in the appropriate box to show whose relatives Alain received pictures of. (10 points)

	Alain	Brigitte	David et Paul
Grandfather			
Grandmother			
Father			
Mother			
Uncle			
Aunt			
Brother			
Sister			
Boy cousins			
Girl cousins			

SCORE [   ]

II. Reading

B. Look at Louis' family tree. Then decide whether the statements that follow are **a) true** or **b) false**. (10 points)

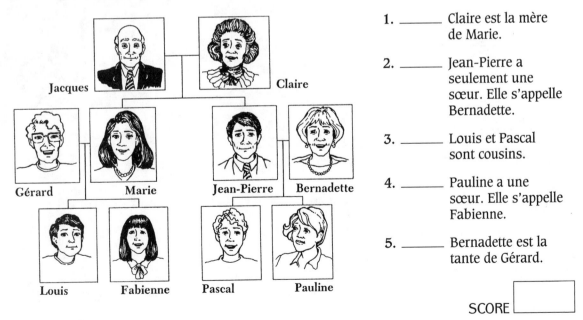

Jacques   Claire

Gérard   Marie   Jean-Pierre   Bernadette

Louis   Fabienne   Pascal   Pauline

1. _____ Claire est la mère de Marie.

2. _____ Jean-Pierre a seulement une sœur. Elle s'appelle Bernadette.

3. _____ Louis et Pascal sont cousins.

4. _____ Pauline a une sœur. Elle s'appelle Fabienne.

5. _____ Bernadette est la tante de Gérard.

SCORE [   ]

Quiz 7-1B

III. Culture

C. Read the following statements about family life in France. Then decide whether they're **a) true** or **b) false**. (5 points)

1. _____ Recent times have brought on more divorces and more working mothers in French families.

2. _____ Benefits for French families include a paid maternity leave.

3. _____ The population of France is increasing steadily.

4. _____ The French government discourages large families.

5. _____ Families can receive subsidies for children attending school or college.

SCORE [   ]

IV. Writing

D. You're looking at a picture of Gabrielle's family. Identify the people in the picture, tell how they're related, and what their interests are. You should write at least five sentences. (10 points)

Voici la sœur de Gabrielle. _____

_____

_____

_____

_____

_____

_____

_____

_____

_____

_____

_____

_____

_____

_____

SCORE [   ]

TOTAL SCORE [   ] /35

CHAPITRE 7

La famille

■ DEUXIEME ETAPE

Grammar and Vocabulary

A. Chantal is describing her family to her friends as they look at a photo album. Fill in the missing words to complete her descriptions. (8 points)

— Voici ma mère. Elle est **(1)** _____ *(short)* et **(2)** _____ *(brown-haired)*.

— Voici mon père. Il est **(3)** _____ *(redheaded)* et **(4)** _____ *(slender)*.

Il n'est pas très **(5)** _____ *(young)*.

— Regardez mon frère. Il est **(6)** _____ *(cute)* et **(7)** _____ *(smart)*.

Il n'est pas **(8)** _____ *(fat)!*

SCORE [   ]

B. For everything that Elodie describes, her sister, Elmire, makes a similar comparison. Complete Elmire's statements making all the necessary changes to the adjectives. (8 points)

1. — Notre père est grand.

   — Notre mère est _____ aussi.

2. — Nos cousins sont intéressants.

   — Nos cousines sont _____ aussi.

3. — Mon pull est bleu.

   — Mes montres sont _____ aussi.

4. — Notre oncle est gentil.

   — Notre tante est _____ aussi.

5. — Notre frère est fort.

   — Nos cousins sont _____ aussi.

6. — Mon ami est sympa.

   — Mon amie est _____ aussi.

7. — Notre grand-père est âgé.

   — Notre grand-mère est _____ aussi.

8. — Notre chien est timide.

   — Nos chats sont _____ aussi.

SCORE [   ]

Quiz 7-2A

C. Rewrite these sentences using the underlined adjectives and making all the necessary changes. (6 points)

1. Je cherche un livre amusant.

   Je cherche des romans _____ .

2. Nous avons un cahier orange.

   Nous avons des baskets _____ .

3. Voici un chien méchant.

   Voici des filles _____ .

4. Tu as un petit frère.

   Tu as une _____ cousine.

5. C'est un sport passionnant.

   Ce sont des pièces _____ .

6. Tu as un cousin blond.

   Tu as des cousines _____ .

SCORE [ ]

D. Use the correct forms of **être** to complete these sentences. (8 points)

1. Nous ne (n') _____ pas timides.

2. Paul et Gilles _____ grands.

3. Tu _____ sympa.

4. Ma mère _____ super gentille.

5. Vous ne (n') _____ ni grands ni petits.

6. Ils ne (n') _____ ni pénibles ni méchants.

7. Je _____ brune.

8. Odile _____ une gentille fille.

SCORE [ ]

TOTAL SCORE [/30]

Nom_____ Classe_____ Date_____

7 La famille

■ DEUXIEME ETAPE

I. Listening

A. Listen as Danielle describes her brothers and sisters. Select the description that best fits each person she's talking about. (10 points)

1. Robert _____
2. Philippe _____
3. Monique _____
4. Sylvie _____
5. Angélique _____

a. brunette, short, and very nice
b. cute and funny
c. tall, blond, and intelligent
d. thin, neither tall nor short, and a little annoying
e. redheaded and a little shy

SCORE [____]

II. Reading

B. Look at the picture of Monique's family below. Then match the descriptions of the family members with their pictures. (10 points)

e. c. a. b. d.

Quiz 7-2B

1. _____ Ma mère est brune et petite. Elle aime faire des photos.

2. _____ Mon petit frère Philippe est blond et mignon, mais il est parfois pénible aussi.

3. _____ Mon père est brun et grand.

4. _____ Mon oncle Vincent est blond et très mince. Il aime promener son chien Camel.

5. _____ Ma tante Isabelle est petite et blonde. Elle est très gentille et elle aime beaucoup son chat Kiki.

SCORE _____

III. Writing

C. Write a letter to your **pen pal, describing your best friend**. Tell about his or her appearance, personality, and **interests. Ask your pen pal about his or her friend**. You should write at least five sentences. (10 points)

_____
_____
_____
_____
_____
_____
_____
_____
_____
_____
_____
_____
_____
_____
_____

SCORE _____

TOTAL SCORE _____ /30

CHAPITRE 7

Nom_____ Classe_____ Date_____

La famille

■ TROISIEME ETAPE

Grammar and Vocabulary

A. Put each of these sentences under the appropriate category. (8 points)

> C'est impossible.   D'accord.   Bien sûr!   Pas ce soir.   Pas question!
> Tu es d'accord?   Je peux sortir?   Si tu veux.

ASKING FOR PERMISSION	GIVING PERMISSION	REFUSING PERMISSION
_____	_____	_____
_____	_____	_____
_____	_____	_____

SCORE [____]

B. The French Club has volunteered for community service this weekend. Read the teacher's list of chores, and then answer the questions that follow. (7 points)

> Fabienne doit sortir la poubelle.
> Florent doit passer l'aspirateur.
> Olivier et Julien doivent tondre le gazon.
> Jérôme doit débarrasser la table.
>
> Monique doit faire la vaisselle.
> Antoine, Anne-Marie et Marc doivent ranger les chambres.
> Et tout le monde va faire le ménage.

1. Who is responsible for mowing the lawn? _____

2. Who is in charge of cleaning the table? _____

3. Who is going to take out the trash? _____

4. Who gets to do the dishes? _____

5. Who gets to vacuum? _____

6. What is everyone going to do? _____

7. What are Antoine, Anne-Marie and Marc going to do? _____

SCORE [____]

Quiz 7-3A

C. Isabelle likes to do indoor activities, while Angèle enjoys outdoor activities. Write their names beside the activities they would most likely do. (8 points)

1. _____ fait les courses.

2. _____ promène le chien.

3. _____ passe l'aspirateur.

4. _____ tond le gazon.

5. _____ range les chambres.

6. _____ garde sa sœur.

7. _____ lave la voiture.

8. _____ fait la vaisselle.

SCORE [ ]

D. Unscramble the cues below and write logical, complete sentences. Make all the necessary changes. (12 points)

1. sa / gentil / ne... pas / Martine / et / sœur / être

_____

2. la vaisselle / aimer / Paul / faire / est-ce que

_____

3. ne... pas / débarrasser / aimer / mes cousines / la table

_____

4. ta chambre / peux / tu / si / sortir / tu / ranger

_____

5. ma / chien / quelquefois / et moi / le / promener / sœur / nous

_____

6. le gazon / mon père / aimer / et mon frère / tondre / le week-end

_____

SCORE [ ]

TOTAL SCORE [/35]

La famille

■ TROISIEME ETAPE

Maximum Score: 35/100

I. Listening

A. Sandrine gets extra allowance money for each additional chore she does around the house. Listen as she asks her mother for permission to do extra chores. Then decide if Sandrine's mother **a) gives permission** or **b) refuses permission** to do each chore. (10 points)

1. _____ vacuum

2. _____ take out the trash

3. _____ mow the lawn

4. _____ walk the dog

5. _____ wash the car

SCORE [   ]

II. Reading

B. Madame Millet left several notes for her family telling them what they have to do before they can go out. Read the notes and then choose the picture that best illustrates each one. (10 points)

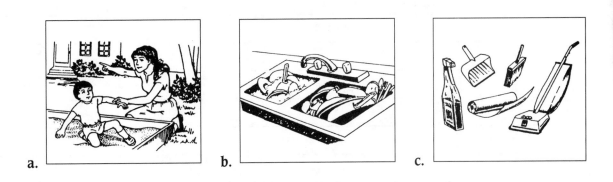

a.   b.   c.

d.   e.

Quiz 7-3B

1. _____ *Sylvie,*
Tu peux sortir ce soir avec tes
amis, mais d'abord, tu dois faire
tes devoirs! Tu as un examen de
maths demain, non?

2. _____ *Marc,*
Avant de sortir ce soir, fais la
vaisselle. Merci, chéri!

3. _____ *Hélène,*
N'oublie pas que tu dois garder
ton petit frère cet après-midi. Tu
peux sortir avec tes amis ce soir.

4. _____ *Martine,*
Avant d'aller au stade, tu dois
promener les chiens. Demande à
Marianne d'y aller avec toi.

5. _____ *François,*
N'oublie pas que tu dois faire le
ménage après l'école. Merci!

SCORE _____

III. Writing

C. You're trying to make plans for the weekend. Write a conversation in which you ask your parent for permission to do an activity on Saturday. Your parent refuses permission because you have two outdoor chores to do. Then ask your parent for permission to do an activity on Sunday. You get permission provided you do two chores in the house first. (15 points)

_____

_____

_____

_____

_____

_____

_____

_____

_____

_____

_____

_____

_____

_____

SCORE _____

TOTAL SCORE _____ /35

CHAPITRE 7

CHAPITRE 7

La famille

I. Listening

Maximum Score: 30

A. Some of the names are missing on Magali's family tree. **Listen as she describes photos of her family to a friend. Then place the letters of the names where they belong** on her family tree, using the choices below. (10 points)

a. Laurence

b. Lucien

c. Elisabeth

d. Charles

e. Anne

1. _____ and Patricia

2. _____ and Yvonne

Vincent and 3. _____

Magali Sébastien 4. _____

Julie Eric 5. _____

SCORE _____

B. Frédéric and Nicole are talking about pets. **Listen to their conversation and mark a) if the pets they discuss are their own** or **b) if they belong to someone else.** (10 points)

6. _____

7. _____

8. _____

9. _____

10. _____

SCORE _____

CHAPITRE 7

Chapter Test

C. Listen to five teenagers ask their parents for permission to go out. Mark **a) if they get permission** or **b) if they don't get permission.** (10 points)

11. _____

12. _____

13. _____

14. _____

15. _____

SCORE [   ]

II. Reading

Maximum Score: 30

D. Read the letter your pen pal Jacqueline sent you. Decide whether the statements that follow are **a) true** or **b) false.** (10 points)

Salut!

Ça va? Moi, j'ai un prof d'anglais génial. Il est très sympa. Il n'est pas très âgé. Il est grand et mince. Il a les cheveux bruns. Sa classe est très intéressante mais elle n'est pas du tout facile! J'ai beaucoup de devoirs embêtants. Mais c'est cool parce que mon prof est très intelligent et aussi très, très gentil. Et toi? Comment tu trouves ton prof? Il est comment? Il est passionnant ou il est barbant? Réponds-moi vite!

À bientôt,
Jacqueline

16. _____ Jacqueline doesn't like her English teacher.

17. _____ Jacqueline's teacher is very old.

18. _____ Jacqueline has a lot of annoying homework to do.

19. _____ The class is very easy, but boring.

20. _____ The teacher is tall, slender, and intelligent.

SCORE [   ]

E. A French veterinarian has the following announcements of pets up for adoption, posted in his office. Read the announcements and the statements that follow. Do the statements describe **a) Youky, b) Binoche,** or **c) both**? (12 points)

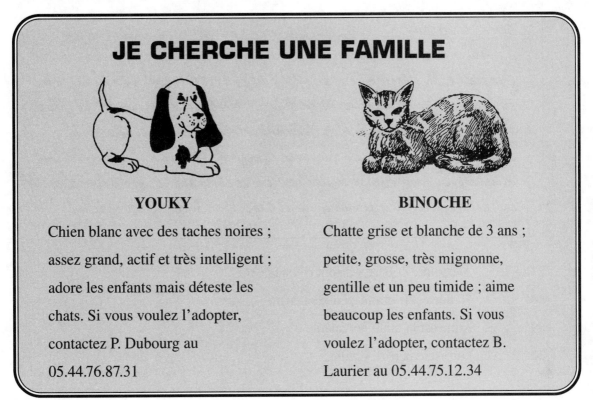

JE CHERCHE UNE FAMILLE

YOUKY

Chien blanc avec des taches noires ; assez grand, actif et très intelligent ; adore les enfants mais déteste les chats. Si vous voulez l'adopter, contactez P. Dubourg au 05.44.76.87.31

BINOCHE

Chatte grise et blanche de 3 ans ; petite, grosse, très mignonne, gentille et un peu timide ; aime beaucoup les enfants. Si vous voulez l'adopter, contactez B. Laurier au 05.44.75.12.34

21. _____ This pet is gray and white.

22. _____ This pet loves children.

23. _____ This pet is large.

24. _____ This pet is male.

25. _____ This pet is cute.

26. _____ This pet is fat.

SCORE [____]

CHAPITRE 7

Chapter Test

F. Larry has just arrived in France as an exchange student. Read his journal entry about his host family, and then tell whether the statements that follow are **a) true** or **b) false**. (8 points)

Samedi, le 25 août

Me voilà en France chez les Hanquier. C'est une très grande famille. Les parents sont très gentils. M. Hanquier a cinquante-trois ans et il est très fort. La mère est un peu sérieuse mais elle est mignonne. Ils ont deux fils, Jérôme et Alexandre, et une fille qui s'appelle Valérie. Le père de Mme Hanquier est très âgé mais il est amusant. Il s'appelle Claude. M. Hanquier a une sœur et un frère. Son frère, Bernard, est très intelligent. Sa sœur, Anne, a deux filles, Perrine et Agathe. Le mari d'Anne s'appelle Luc. Les Hanquier ont un gros chien noir et cinq poissons rouges. C'est super ici!

---

27. _____ Alexandre et Bernard sont cousins.

28. _____ Claude est le grand-père de Perrine.

29. _____ Anne est la tante de Valérie.

30. _____ Luc est le père d'Agathe.

SCORE _____

III. Culture

Maximum Score: 12

G. Read the following statements related to family life and pets in France. Choose the correct completion for each statement. (12 points)

31. _____ In France, pets may be seen in . . .
    a. trains and subways. **b.** restaurants and stores. **c.** both **a** and **b**

32. _____ A family must have . . . to receive **allocations familiales**.
    a. two or more children **b.** five or more children **c.** no children

33. _____ In France, benefits include a paid maternity leave of at least . . .
    a. 3 weeks. **b.** 14 weeks. **c.** 32 weeks.

34. _____ To identify their pets, most owners use . . .
    a. an identification tag on their pet's collar. **b.** a tattooed number on their pet.
    c. a special collar with an electronic signal.

SCORE _____

IV. Writing

H. Four teenagers are asking permission from their parents to do an activity. Write four short conversations in which two of the parents grant permission, but the other two do not. For the teenagers who don't get to go out, be sure to mention what chores they have to do instead. (8 points)

1. _____

   _____

   _____

   _____

2. _____

   _____

   _____

   _____

3. _____

   _____

   _____

   _____

4. _____

   _____

   _____

   _____

SCORE [   ]

I. The French exchange student Christophe is expecting his cousin, Michelle, for a visit. Your sister wants to meet Michelle. Write a conversation in which you ask Christophe about his cousin and tell him about your sister. Be sure to mention names and ages, physical appearance, personality characteristics and interests. Write at least ten sentences. (15 points)

_____

_____

_____

_____

_____

_____

_____

_____

_____

_____

_____

_____

_____

_____

SCORE [   ]

CHAPITRE 7

Chapter Test

J. You work for a company that provides maid service. Look at the illustration of the house below. Using complete sentences, write a note to one of the service people, giving instructions on what chores need to be done to get the house in order. Be sure to mention at least five different chores. (5 points)

_____

_____

_____

_____

_____

_____

_____

SCORE

TOTAL SCORE /100

Circle the letter that matches the most appropriate response.

I. Listening
Maximum Score: 30

A. (10 points)

1. a b c d e
2. a b c d e
3. a b c d e
4. a b c d e
5. a b c d e

SCORE [   ]

B. (10 points)

6. a b
7. a b
8. a b
9. a b
10. a b

SCORE [   ]

C. (10 points)

11. a b
12. a b
13. a b
14. a b
15. a b

SCORE [   ]

II. Reading
Maximum Score: 30

D. (10 points)

16. a b
17. a b
18. a b
19. a b
20. a b

SCORE [   ]

E. (12 points)

21. a b c
22. a b c
23. a b c
24. a b c
25. a b c
26. a b c

SCORE [   ]

F. (8 points)

27. a b
28. a b
29. a b
30. a b

SCORE [   ]

III. Culture
Maximum Score: 12

G. (12 points)

31. a b c
32. a b c
33. a b c
34. a b c

SCORE [   ]

CHAPITRE 7

IV. Writing

Maximum Score: 28

H. (8 points)

1. _____   3. _____
   _____   _____
   _____   _____

2. _____   4. _____
   _____   _____
   _____   _____

SCORE ☐

I. (15 points)

_____
_____
_____
_____
_____
_____
_____
_____
_____
_____
_____

SCORE ☐

J. (5 points)

_____
_____
_____
_____

SCORE ☐

TOTAL SCORE ☐ /100

CHAPITRE 7

Listening Scripts for Quizzes • Chapitre 7

Quiz 7-1B Première étape

I. Listening

Mmm... c'est bizarre! Ça, c'est une photo de mon grand-père, mais sur cette photo-là, c'est la grand-mère de Brigitte! Qu'est-ce qui s'est passé? Et voilà son père sur cette photo! Tiens! Sur cette photo, ce sont les cousins de David et de Paul. Et voilà leurs cousines aussi! Voici ma mère... mon oncle... la tante de Brigitte... sa sœur et son frère. Je me demande s'ils ont mes photos, aussi. Je dois leur téléphoner tout de suite.

Quiz 7-2B Deuxième étape

I. Listening

1. Mon frère Robert est mignon et très amusant.
2. Mon frère Philippe est roux. Il est un peu timide.
3. Ma sœur Monique est plus âgée que moi. Elle est grande, blonde et intelligente.
4. Ma sœur Sylvie est plus jeune que moi. Elle est brune, petite et très sympa.
5. Ma petite sœur Angélique n'est ni grande ni petite. Elle est mince et un peu pénible.

Quiz 7-3B Troisième étape

I. Listening

1. — Maman, est-ce que je peux passer l'aspirateur?
   — Oui, bien sûr!
2. — Je peux sortir la poubelle?
   — Si tu veux!
3. — Maman, je vais tondre le gazon! D'accord?
   — Pas ce soir! Il est déjà dix heures!
4. — Est-ce que je peux promener le chien?
   — Non, tu dois faire tes devoirs.
5. — Maman, je voudrais laver la voiture. Tu es d'accord?
   — Pourquoi pas?

ANSWERS Quiz 7-1A

A. (20 points: 2 points per item)
1. son grand-père
2. sa tante
3. son cousin
4. sa mère
5. son oncle
6. son père
7. sa grand-mère
8. son frère
9. ses cousines
10. son mari

B. (5 points: 1 point per item)
1. de la
2. des
3. de l'
4. du
5. du

C. (10 points: 1 point per item)
1. mes
2. notre
3. ton
4. leur
5. sa
6. ta
7. vos
8. son
9. nos
10. mon

ANSWERS Quiz 7-1B

I. Listening (10 points: 1 point per item)

A. ALAIN: grandfather, mother, uncle
BRIGITTE: grandmother, father, aunt, sister, brother
DAVID ET PAUL: boy cousins, girl cousins

II. Reading (10 points: 2 points per item)

B. 1. a
2. b
3. a
4. b
5. b

III. Culture (5 points: 1 point per item)

C. 1. a
2. a
3. b
4. b
5. a

IV. Writing (10 points)

D. Answers will vary. Possible answer: Voici la sœur de Gabrielle. Elle s'appelle Martine et elle aime jouer au tennis. Ça, c'est Michèle. Elle aime écouter de la musique. Ça, c'est son frère, Alain. Il aime jouer au foot. Voilà ses parents. Ils jouent souvent au golf. Sa grand-mère aime lire et son grand-père aime faire de la natation.

ANSWERS Quiz 7-2A

A. (8 points: 1 point per item)
1. petite
2. brune
3. roux
4. mince
5. jeune
6. mignon
7. intelligent
8. gros

B. (8 points: 1 point per item)
1. grande
2. intéressantes
3. bleues
4. gentille
5. forts
6. sympa
7. âgée
8. timides

C. (6 points: 1 point per item)
1. amusants
2. orange
3. méchantes
4. petite
5. passionnantes
6. blondes

D. (8 points: 1 point per item)
1. sommes
2. sont
3. es
4. est
5. êtes
6. sont
7. suis
8. est

ANSWERS Quiz 7-2B

I. Listening (10 points: 2 points per item)

A. 1. b
2. e
3. c
4. a
5. d

II. Reading (10 points: 2 points per item)

B. 1. b
2. d
3. a
4. c
5. e

III. Writing (10 points)

C. Answers will vary. Possible answer:
Cher François,
   Salut! Ça va? Ce week-end, je vais aller au concert avec ma copine Tracy. Elle est très sympa. Elle est brune, mince et assez grande. Elle est très intelligente et un peu timide. Elle adore la musique et le sport. Et ton copain, il est comment? Ecris-moi vite!
                    Paula

CHAPITRE 7

ANSWERS Quiz 7-3A

A. (8 points: 1 point per item)
Asking for permission:
Tu es d'accord?
Je peux sortir?

Giving permission:
D'accord.
Bien sûr!
Si tu veux.

Refusing permission:
C'est impossible.
Pas ce soir.
Pas question!

B. (7 points: 1 point per item)
1. Olivier et Julien
2. Jérôme
3. Fabienne
4. Monique
5. Florent
6. housework
7. clean the bedrooms

C. (8 points: 1 point per item)
1. Angèle
2. Angèle
3. Isabelle
4. Angèle
5. Isabelle
6. Isabelle
7. Angèle
8. Isabelle

D. (12 points: 2 points per item)
1. Martine et sa sœur ne sont pas gentilles.
2. Est-ce que Paul aime faire la vaisselle?
3. Mes cousines n'aiment pas débarrasser la table.
4. Tu peux sortir si tu ranges ta chambre.
5. Ma sœur et moi, nous promenons quelquefois le chien.
6. Mon père et mon frère aiment tondre le gazon le week-end.

ANSWERS Quiz 7-3B

I. Listening (10 points: 2 points per item)
A. 1. a
2. a
3. b
4. b
5. a

II. Reading (10 points: 2 points per item)
B. 1. e
2. b
3. a
4. d
5. c

III. Writing (15 points)
C. Answers will vary. Possible answer:
— Est-ce que je peux aller au concert samedi?
— Pas question. Tu dois tondre le gazon et laver la voiture samedi.
— Je voudrais aller à la plage dimanche. Tu es d'accord?
— D'accord, si tu passes d'abord l'aspirateur et tu ranges aussi ta chambre.

I. Listening

A. 1. Ici, c'est mon grand-père, Lucien. Il est super gentil!
   2. Et là, c'est mon père, Charles. Il est amusant.
   3. Ma tante Anne est très intelligente.
   4. J'ai une sœur. Elle s'appelle Laurence.
   5. Ça, c'est ma cousine Elisabeth. Elle est pénible!

B. 6. Nos chats s'appellent Mimi et Félix.
   7. Leur chien aime sortir le matin.
   8. Son poisson est rouge.
   9. Notre canari est petit et jaune.
  10. Mon chien a six ans.

C. 11. — Maman, mes amis vont au concert ce soir. Je peux y aller?
      — Non, pas ce soir.
  12. — Je voudrais sortir avec Claudine. Je peux?
      — Oui, mais d'abord tu dois faire la vaisselle.
  13. — On va au match de football cet après-midi. Je peux y aller?
      — Pas question. Tu sais que tu dois ranger ta chambre.
  14. — Je peux aller au cinéma avec Elisabeth et Marie-Claire?
      — Non, tu dois promener le chien.
  15. — Je peux aller au centre commercial avec Lisette ce soir?
      — Pourquoi pas?

I. Listening   Maximum Score: 30 points

A. (10 points: 2 points per item) **B.** (10 points: 2 points per item) **C.** (10 points: 2 points per item)

1. b	6. a	11. b
2. d	7. b	12. a
3. e	8. b	13. b
4. a	9. a	14. b
5. c	10. a	15. a

II. Reading   Maximum Score: 30 points

D. (10 points: 2 points per item) **E.** (12 points: 2 points per item) **F.** (8 points: 2 points per item)

16. b	21. b	27. b
17. b	22. c	28. b
18. a	23. a	29. a
19. b	24. a	30. a
20. a	25. b	
	26. b	

III. Culture   Maximum Score: 12 points

G. (12 points: 3 points per item)

31. c
32. a
33. b
34. b

IV. Writing   Maximum Score: 28 points

H. (8 points)
Answers will vary. Possible answers:
1. — Est-ce que je peux aller au cinéma ce
    soir?
   — Oui, si tu veux.
2. — Je peux aller au stade?
   — Pas question! Tu dois garder ton frère.
3. — Est-ce que je peux aller à une boum?
   — Non, c'est impossible. Tu dois ranger
    ta chambre.
4. — Je peux aller voir une pièce au théâtre?
   — Pourquoi pas?

I. (15 points)
Answers will vary. Possible answer:
— Comment elle s'appelle, ta cousine?
— Elle s'appelle Michelle.
— Elle a quel âge?
— Elle a douze ans.
— Ma sœur s'appelle Emily et elle a treize
 ans. Elle est comment, Michelle?
— Elle est brune, petite et très amusante. Et
 ta sœur?
— Emily est rousse, grande et un peu timide.
 Qu'est-ce que Michelle aime faire?
— Elle aime beaucoup le cinéma et le théâtre.
— Ma sœur aime le théâtre aussi. Super!

J. (5 points)
Answers will vary. Possible answers:
Tu dois laver la voiture.
Tu dois sortir la poubelle.
Tu dois passer l'aspirateur.
Tu dois faire la vaisselle.
Tu dois tondre le gazon.

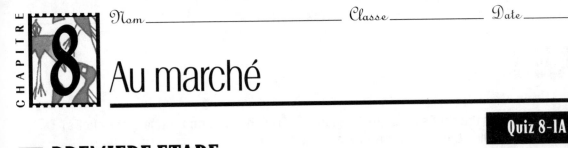

Quiz 8-1A

Maximum Score: 35/100

■ PREMIERE ETAPE

Grammar and Vocabulary

A. Members of the French Club are going to buy food for a cultural project. Benoît will buy the dairy and meat products, Gabrielle will get fruit, and Agnès will get vegetables. Write which food items each person is responsible for on their lists below. (15 points)

des fraises	des pommes de terre	des goyaves	du porc
des papayes	des haricots verts	des yaourts	des champignons
du maïs	du lait	des ananas	du bœuf
des mangues	des pêches	du fromage	

Benoît	Gabrielle	Agnès
_____	_____	_____
_____	_____	_____
_____	_____	_____
_____	_____	_____
_____	_____	_____
_____	_____	_____

SCORE [____]

B. Complete these conversations with the appropriate partitive or indefinite article. (10 points)

1. — Tu veux _____ pain?

   — Oui. Est-ce qu'il y a _____ beurre?

   — Bien sûr. Et il y a _____ confiture aussi.

2. — Je veux faire _____ salade de fruits. Tu peux prendre _____ bananes, _____ papaye et _____ citron au marché?

   — D'accord.

3. — Tu vas au marché?

   — Oui, qu'est-ce qu'il te faut?

   — Il me faut _____ escargots pour le dîner. Et prends aussi _____ œufs. Je vais faire _____ gâteau pour le dessert.

SCORE [____]

CHAPITRE 8

Quiz 8-1A

C. You're working as the chef's assistant at a famous French restaurant. Answer the chef's questions by circling the most appropriate item. (5 points)

1. Qu'est-ce qu'il te faut pour faire une omelette?

   a. des pommes de terre   **b.** des œufs   **c.** des avocats

2. De quoi est-ce que tu as besoin pour faire une salade de fruits?

   a. de viande   **b.** de gombos   **c.** de pêches

3. Qu'est-ce qu'il te faut pour faire un gâteau?

   a. de la farine   **b.** de la tarte   **c.** du raisin

4. De quoi est-ce que tu as besoin pour faire un croque-monsieur?

   a. de poissons   **b.** de maïs   **c.** de pain

5. Qu'est-ce qu'il te faut pour faire des spaghettis?

   a. des poires   **b.** des tomates   **c.** des noix de coco

SCORE [ ]

D. Circle the item that doesn't belong in each set. (5 points)

1. les oignons
   les fraises
   les pêches
   les citrons

2. les goyaves
   les champignons
   les gombos
   les petits pois

3. l'eau minérale
   le jus de pomme
   le bœuf
   le lait

4. le beurre
   le lait
   les yaourts
   les avocats

5. le maïs
   le poisson
   le poulet
   la viande

SCORE [ ]

TOTAL SCORE [ ] /35

CHAPITRE 8

CHAPITRE 8

Au marché

■ PREMIÈRE ÉTAPE

I. Listening

A. Xavier is going shopping for Yvonne. Listen to their conversation, and then circle the ten food items they mention. (10 points)

apples	corn	lettuce	pork
avocados	eggs	mangoes	potatoes
bananas	fish	meat	strawberries
bread	flour	mushrooms	tomatoes
carrots	grapes	oranges	yogurt
cheese	green beans	peas	
chicken	lemons	pie	

SCORE [   ]

II. Reading

B. Read and compare the receipt for the items you bought today at the market and your shopping list. Then answer the questions in English. (10 points)

```
        MARCHE LATOUR
      Merci de votre visite

  FROMAGE           9F95
  TOMATES           4F75
  1L LAIT           7F60
  POULET FRAIS     10F50
  RIZ               9F50
  GATEAU CHOC.     45F20

  TOTAL            87F50
  REÇU            100F00
  RENDU            12F50

    09845  06 ARTC  18:17
```

tomates

pommes de terre

poulet

riz

lait

1. What was the most expensive item you purchased?

_____

2. What was the least expensive item you purchased?

_____

3. Which item(s) did you forget to buy that was (were) on your list?

_____

4. Which item(s) did you purchase that was (were) not on your original list?

_____

5. If you had wanted to buy twice as much chicken, would you have had enough money with the change you received?

_____

SCORE [   ]

CHAPITRE 8

Quiz 8-1B

III. Culture

C. Imagine you're shopping in a market in Côte d'Ivoire. What would it be like? What can you buy there? Write at least three sentences in English describing a market in Côte d'Ivoire. (5 points)

_____

_____

_____

_____

_____

SCORE _____

IV. Writing

D. You're supposed to make lunch for your family today. You're going to serve sandwiches, a salad, and fruit for dessert. Using complete sentences, write a note in French to remind yourself of the items you'll need to buy to prepare the meal you want to serve. You should include at least ten items. (10 points)

_____

_____

_____

_____

_____

_____

_____

_____

_____

_____

SCORE _____

TOTAL SCORE _____ /35

CHAPITRE 8

Au marché

■ DEUXIEME ETAPE

Grammar and Vocabulary

A. Complete these conversations by filling in the missing expressions. (12 points)

1. — _____ du lait et du riz, Yves.
   (Bring me)

   — _____ , maman. J'y vais tout de suite.
   (Gladly)

2. — _____ faire le ménage?
   (Can you)

   — Je regrette, mais _____ .
   (I don't have the time)

3. — _____ de ranger ta chambre!
   (Don't forget)

   — D'accord.

4. — On va au théâtre ce soir?

   — _____ ?
   (Why not)

SCORE ☐

B. Bertrand is going on vacation, and some of his friends are volunteering to help with chores while he's gone. Use the correct form of **pouvoir** to complete their statements. (6 points)

1. Pierre et Jeanne _____ aller à la poste.

2. Isabelle et moi, nous _____ laver la voiture.

3. Moi, je _____ garder le chat, et toi, tu _____

   promener le chien, Marc.

4. Vous _____ sortir la poubelle, Emilie et Samuel.

5. Sylvie _____ tondre le gazon.

SCORE ☐

CHAPITRE 8

Quiz 8-2A

C. Rewrite these sentences using the quantities in parentheses. (12 points)

1. Je voudrais des oranges. (a dozen)

   _____

2. Il me faut du gâteau. (a piece)

   _____

3. Tu me rapportes du riz? (a box)

   _____

4. Achète-moi du porc! (two kilos)

   _____

5. Donne-moi des pêches! (three cans)

   _____

6. Voici du jambon. (eight slices)

   _____

SCORE [   ]

TOTAL SCORE [/30   ]

CHAPITRE 8
Au marché

■ DEUXIEME ETAPE

I. Listening

A. Listen as Marcel does his shopping at different stores. For each item he buys, write the letter that corresponds to the quantity he asks for. (7 points)

_____	1. le lait	**a.** two liters	**b.** three liters	**c.** one liter
_____	2. les gombos	**a.** one kilo	**b.** five kilos	**c.** three kilos
_____	3. les tomates	**a.** two kilos	**b.** four kilos	**c.** one kilo
_____	4. le jambon	**a.** two slices	**b.** twelve slices	**c.** thirteen slices
_____	5. les œufs	**a.** one dozen	**b.** two dozen	**c.** half a dozen
_____	6. les goyaves	**a.** one pound	**b.** three pounds	**c.** four pounds
_____	7. le riz	**a.** six boxes	**b.** five boxes	**c.** seven boxes

SCORE [   ]

II. Reading

B. Béatrice's host mother in Côte d'Ivoire left her the following note. Create a shopping list in English of the items she needs to buy. Be sure to include the quantity of each item she mentions. (10 points)

> Béatrice,
>
> Dis, chérie, tu peux aller faire des courses? Madame Saki va dîner avec nous ce soir. J'ai besoin de beaucoup de choses. D'abord, rapporte-moi du pain et un litre de lait. Il me faut aussi deux kilos de tomates, une livre de gombos et un kilo de riz. Je vais faire une tarte, alors il me faut aussi un paquet de sucre, de la farine, une douzaine d'œufs, du beurre et une boîte d'ananas.
>
> Merci!

_____
_____
_____
_____
_____
_____

SCORE [   ]

CHAPITRE 8

Quiz 8-2B

III. Culture

C. Match these metric measurements with the correct conversions . (3 points)

_____ 1. un kilomètre

_____ 2. un kilo

_____ 3. un litre

a. 1.06 quarts

b. 1.62 miles

c. 2.2 pounds

d. .62 miles

e. 1.2 pounds

f. 2.06 quarts

SCORE [   ]

IV. Writing

D. You're having a party tonight and you need help shopping for groceries. Write a conversation in which you ask three of your friends if they can do the shopping for you. Two of your friends decline your request, and the third friend accepts. Tell the friend who accepts at least five food items you need and the quantity of each. (10 points)

_____

_____

_____

_____

_____

_____

_____

_____

_____

_____

_____

_____

_____

SCORE [   ]

TOTAL SCORE [   ] /30

CHAPITRE **8** Au marché

■ TROISIEME ETAPE

Grammar and Vocabulary

A. You're in charge of the kitchen at camp. Plan your meal schedule by writing the letter of the meal at which each menu is most likely to be served. (12 points)

a. le petit déjeuner   **b.** le déjeuner ou le dîner   **c.** le goûter

1. _____

> une salade
> du pain
> de l'eau minérale

2. _____

> un café
> de la confiture
> du beurre
> un croissant

3. _____

> du poulet
> du riz
> du maïs
> des fraises

4. _____

> des œufs
> du jus de pomme
> des céréales
> des bananes

5. _____

> un croque-monsieur
> un yaourt
> une poire

6. _____

> des gâteaux
> du café
> des fruits

SCORE _____

B. Match the following expressions with their English equivalents. (7 points)

_____ 1. Vous voulez...

_____ 2. J'en veux bien.

_____ 3. Encore...

_____ 4. Je n'ai plus faim.

_____ 5. Vous prenez...

_____ 6. Je n'en veux plus.

_____ 7. Avec plaisir.

a. I don't want anymore.

b. Will you have . . .

c. With pleasure.

d. More . . .

e. I'd like some.

f. I'm not hungry anymore.

g. Would you like . . .

SCORE _____

Quiz 8-3A

C. You're helping your parent decide what to buy at the grocery store. Answer your parent's questions according to the cues given. Use the pronoun **en** in your answers. (6 points)

1. — Nous avons des carottes?

    — Oui, _____

2. — Nous avons de la viande?

    — Non, _____

3. — Il y a des concombres?

    — Non, _____

4. — Il y a de l'eau minérale?

    — Oui, _____

5. — Nous avons des citrons?

    — Non, _____

6. — Il y a des yaourts?

    — Oui, _____

SCORE ☐

D. Use these cues to write complete sentences that might be overheard at a restaurant. Be sure to conjugate the verbs and add any necessary articles. (10 points)

1. tu / vouloir / eau minérale

    _____?

2. vous / prendre / fraises

    _____?

3. je / vouloir / sandwiches au fromage

    _____.

4. ils / vouloir / viande

    _____.

5. nous / ne... pas / prendre / gombos

    _____.

SCORE ☐

TOTAL SCORE ☐ /35

Au marché

■ TROISIEME ETAPE

Maximum Score: 35/100

I. Listening

A. Listen to the following remarks. For each one, decide if the person is **a) offering**, **b) accepting**, or **c) refusing** food. (10 points)

1. _____
2. _____
3. _____
4. _____
5. _____

SCORE ☐

II. Reading

B. Some French-speaking people were asked to describe what they typically eat at a given meal. Read their descriptions and decide if the interviewer asked them about **a) le petit déjeuner**, **b) le déjeuner ou le dîner**, or **c) le goûter**. (10 points)

1. _____ «J'aime manger des croissants, de la confiture, du café et du yaourt.»

2. _____ «Normalement, je prends une salade avec des tomates, des champignons et des carottes, et du pain, bien sûr.»

3. _____ «Des céréales, un peu de pain avec du beurre et du café.»

4. _____ «D'habitude, une pomme ou une banane.»

5. _____ «Ça dépend, mais j'aime bien le poulet, les pommes de terre et les haricots verts. C'est délicieux!»

SCORE ☐

Quiz 8-3B

III. Culture

C. Read the following statements about meals in francophone cultures. Decide whether each statement is **a) true** or **b) false**. (5 points)

1. _____ In most francophone countries, people have a light breakfast.

2. _____ Hot chocolate or coffee with hot milk is usually served at breakfast time.

3. _____ Bacon, eggs, and waffles are often eaten for breakfast.

4. _____ Dinner is usually the largest meal of the day.

5. _____ Dinner is eaten before 7 P.M.

SCORE [   ]

IV. Writing

D. Tim is having dinner with his French friend Marc, a visiting student. Write a conversation in which Tim offers Marc five food items. Marc will accept three of them and refuse two. Vary the expressions you use for offering, accepting, and refusing food. (10 points)

_____

_____

_____

_____

_____

_____

_____

_____

_____

_____

_____

_____

_____

_____

SCORE [   ]

TOTAL SCORE [   ] /35

Au marché

I. Listening

Maximum Score: 30

A. Read the ads for the stores below. Then listen as these people tell what they need to buy. For each item they mention, choose the letter of the store where they might buy it. (10 points)

a. **Marché St. Pierre**

ARTICHAUTS	le kg	7F20
OIGNONS	le kg	15F85
CAROTTES	le kg	3F50
CÉLERI	le kg	9F90
TOMATES	le kg	3F25
SALADE	le kg	3F20
FRAISES	le kg	8F45
POIRES	le kg	6F70

b. **ÉPICERIE du COIN**

HARICOTS VERTS TRÈS FINS MENET
Boîte 4/4 .... 5F20

CAFÉ MOULU JACQUES NOIROT
4 × 250gr 25F95

24 PUR BEURRE FONDAN
150gr 5F55

MAYONNAISE OR
tube 175gr 4F85

LAIT ½ ÉCRÉMÉ SAVOY
1 litre 2F45

20 ŒUFS FRAIS
Calibre 60/65 .... 10F90

FROMAGE CAMEMBERT
240gr 4F95

CAMEMBERT EMPEREUR
300gr 7F50

c. **Boucherie Sanzot**

POULET FERMIER
prêt à cuire 22F50

CÔTE DE BŒUF
le kg 46F80

BIFTECK 1ère
le kg 49F80

d. **BOULANGERIE BLANCPAIN**

PAIN GRILLÉ
24 tranches 4F25

CROISSANTS
chacun 2F50

PAIN
chaque baguette 3F05

e. **CHARCUTERIE Chez André**

JAMBON BAYONNE
4 tranches 10F95

SAUCISSON À L'AIL
le kg 10F00

PÂTÉ DE CAMPAGNE ROUDIN
bocal 280gr 14F90

1. _____
2. _____
3. _____
4. _____
5. _____

SCORE [____]

B. Listen to the following dialogues and mark if the person is **a) expressing need, b) making a request,** or **c) offering food.** (10 points)

6. _____
7. _____
8. _____
9. _____
10. _____

SCORE [____]

Chapter Test

C. Listen as five friends discuss what they eat for breakfast. Choose the breakfast that each of them describes. (10 points)

11. _____
12. _____
13. _____
14. _____
15. _____

a. coffee, orange juice, and fruit

b. cereal and milk, bread, butter, and orange juice

c. coffee, croissants, and butter

d. hot chocolate, bread, butter, and jam

e. eggs, bread, butter, and tea

SCORE _____

II. Reading

Maximum Score: 30

D. Pamela and Bruno are planning to make dinner for their parents. Read their conversation and then decide whether the statements that follow are **a) true** or **b) false.** (10 points)

PAMELA	Bruno, tu peux aller faire les courses?
BRUNO	C'est toujours moi! Toi aussi, tu peux aller faire les courses!
PAMELA	Non, je ne peux pas maintenant. Je n'ai pas le temps.
BRUNO	Bon, d'accord. Moi, je vais faire les courses, mais toi, tu vas préparer le dîner!
PAMELA	D'accord. Alors, il me faut des pommes de terre, des haricots verts, du poulet et du pain.
BRUNO	D'accord. C'est tout?
PAMELA	Non, prends aussi des oignons.
BRUNO	C'est dégoûtant, les oignons!
PAMELA	Prends des champignons, alors.
BRUNO	Et comme dessert, qu'est-ce que tu vas faire?
PAMELA	Ah, oui... Rapporte-moi un gâteau.

16. _____ Pamela doesn't have time to do the shopping.

17. _____ Bruno will be doing the cooking.

18. _____ They need potatoes, steak, beans, and bread for dinner.

19. _____ Bruno doesn't like onions.

20. _____ For dessert, they're having apple pie.

SCORE _____

CHAPITRE 8

E. You're working for a store that delivers groceries. Match the lists with the correct orders pictured below. (10 points)

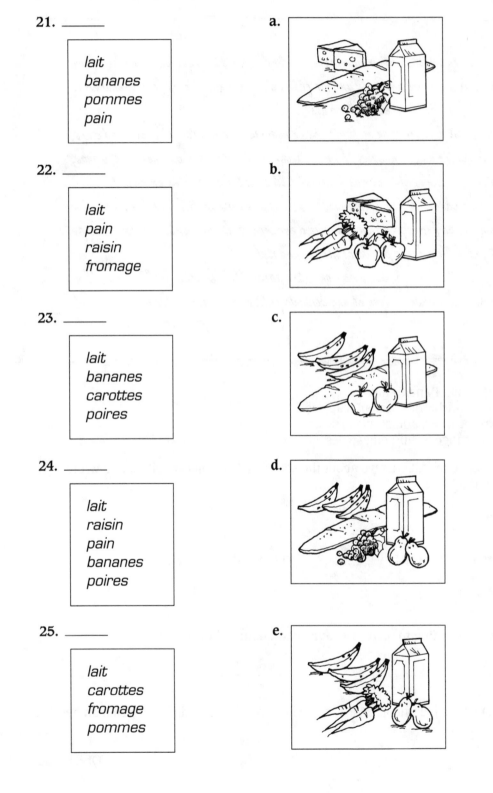

21. _____

> lait
> bananes
> pommes
> pain

a.

22. _____

> lait
> pain
> raisin
> fromage

b.

23. _____

> lait
> bananes
> carottes
> poires

c.

24. _____

> lait
> raisin
> pain
> bananes
> poires

d.

25. _____

> lait
> carottes
> fromage
> pommes

e.

SCORE _____

CHAPITRE 8

Chapter Test

F. Read the following note that Chef Albert left for his assistant Dana. Then complete the sentences that follow by circling the letter of the correct completion. (10 points)

> Dana,
>
> Je n'ai pas le temps d'aller au marché aujourd'hui. Est-ce que tu peux aller faire les courses? Nous avons une très grande fête ce week-end. Il nous faut préparer le petit déjeuner, le déjeuner et le dîner aussi.
>
> Pour le petit déjeuner, on va faire des croissants au chocolat. J'ai besoin d'œufs, de sucre, de farine et de chocolat. Prends aussi des fruits : des bananes, des ananas, des mangues... mais n'achète pas de fraises! Elles sont dégoûtantes en hiver!
>
> Pour le déjeuner, on fait ma spécialité : Croque-monsieur Albert! Il me faut du pain, du jambon, du fromage et une douzaine d'escargots. Et rapporte-moi des escargots grands et gros! Ne prends pas de petits escargots!
>
> Alors, pour le dîner, on va faire mon autre spécialité : Quiche Mal-de-mer. Il me faut du poisson, des champignons et une boîte de petits pois. Merci, Dana!
>
> Albert

26. Chef Albert wants Dana to buy . . .
    a. bananas, strawberries, and pineapples.
    b. mangoes, peaches, and strawberries.
    c. bananas, mangoes, and pineapples.

27. Based on what Chef Albert says about the strawberries, you can tell that he wrote this note in the . . .
    a. spring.
    b. summer.
    c. winter.

28. Chef Albert asks Dana to buy _____ for **Quiche Mal-de-mer.**
    a. some chicken
    b. a dozen snails
    c. a can of peas

29. Chef Albert is planning to prepare **Croque-monsieur Albert** for . . .
    a. breakfast.
    b. lunch.
    c. dinner.

30. When Dana writes her shopping list, she will have _____ different items on her list.
    a. 14
    b. 15
    c. 16

SCORE

Chapter Test

III. Culture
Maximum Score: 10

G. Read the following statements related to meals in Côte d'Ivoire and decide whether they're **a) true** or **b) false**. (10 points)

31. _____ **Foutou**, a popular dish in Côte d'Ivoire, is made with yams and plantains.

32. _____ A typical lunch in Côte d'Ivoire consists of fruit and dessert.

33. _____ Lunch in Côte d'Ivoire is typically followed by an hour-long siesta.

34. _____ Stores are not closed for the siesta period.

35. _____ People in Côte d'Ivoire eat heavy meals in the evening.

SCORE [   ]

IV. Writing
Maximum Score: 30

H. Write a note inviting a friend to dinner at your house. Mention at least five foods you plan to have. (10 points)

Cher/Chère _____,

_____

_____

_____

_____

_____

_____

_____

_____

_____

_____

_____

_____

_____

_____

_____

SCORE [   ]

Testing Program **213**

CHAPITRE 8

HRW material copyrighted under notice appearing earlier in this work.

Chapter Test

I. Madame Koffi is running low on food items in her refrigerator. Write a list in French of at least five items she needs to buy at the store based on the illustration. Include quantities on your list. (10 points)

_____

_____

_____

_____

_____

_____

_____

_____

_____

SCORE [   ]

J. Jacqueline invited her friend Nathalie over for dinner. Write their conversation based on the illustration. You should write at least five lines. (10 points)

_____

_____

_____

_____

_____

_____

_____

_____

_____

_____

_____

_____

SCORE [   ]

TOTAL SCORE [   ] /100

Circle the letter that matches the most appropriate response.

I. Listening

Maximum Score: 30

A. (10 points)

1. a b c d e
2. a b c d e
3. a b c d e
4. a b c d e
5. a b c d e

SCORE [   ]

B. (10 points)

6. a b c
7. a b c
8. a b c
9. a b c
10. a b c

SCORE [   ]

C. (10 points)

11. a b c d e
12. a b c d e
13. a b c d e
14. a b c d e
15. a b c d e

SCORE [   ]

II. Reading

Maximum Score: 30

D. (10 points)

16. a b
17. a b
18. a b
19. a b
20. a b

SCORE [   ]

E. (10 points)

21. a b c d e
22. a b c d e
23. a b c d e
24. a b c d e
25. a b c d e

SCORE [   ]

F. (10 points)

26. a b c
27. a b c
28. a b c
29. a b c
30. a b c

SCORE [   ]

III. Culture

Maximum Score: 10

G. (10 points)

31. a b
32. a b
33. a b
34. a b
35. a b

SCORE [   ]

IV. Writing

Maximum Score: 30

H. (10 points)

Cher/Chère _____,

_____

_____

_____

_____

_____

SCORE [____]

I. (10 points)

_____

_____

_____

_____

_____

_____

SCORE [____]

J. (10 points)

_____

_____

_____

_____

_____

_____

_____

SCORE [____]

TOTAL SCORE [**/100**]

Allez, viens! Level 1, Chapter 8

Quiz 8-1B Première étape

I. Listening

XAVIER	De quoi est-ce que tu as besoin?
YVONNE	J'ai besoin de poisson, de haricots verts et de pommes de terre.
XAVIER	Est-ce qu'il te faut de la viande aussi?
YVONNE	Oui, il me faut du poulet et du porc.
XAVIER	Tu as besoin de tomates?
YVONNE	Non, mais j'ai besoin de citrons, d'avocats et de yaourts.
XAVIER	D'accord!

Quiz 8-2B Deuxième étape

I. Listening

— Bonjour, madame. C'est combien, le lait, s'il vous plaît?
— Treize francs le litre.
— Bien, je vais prendre trois litres de lait.
— Tenez.
— Merci. C'est combien?
— Trente-neuf francs, monsieur.

— Bonjour, monsieur. Je voudrais un kilo de gombos et deux kilos de tomates, s'il vous plaît.
— Voilà.
— Ça fait combien?
— Soixante-douze francs, monsieur.

— Je voudrais douze tranches de jambon, s'il vous plaît.
— Tenez, monsieur.
— Je vais aussi prendre deux douzaines d'œufs.
— Alors, ça fait... cinquante-deux francs.

— Bonjour, madame. C'est combien, les goyaves?
— C'est dix francs la livre.
— Bon, je vais prendre quatre livres de goyaves.
— C'est tout?
— Oui.
— Alors, ça vous fait quarante francs.
— Voilà.
— Merci.

— De quoi est-ce que vous avez besoin, monsieur?
— Il me faut six paquets de riz, s'il vous plaît.
— Tenez.
— C'est combien?
— Soixante-quatre francs, monsieur.

Quiz 8-3B Troisième étape

I. Listening

1. — Vous voulez du gâteau?
2. — Non, merci. Je n'ai plus faim.
3. — Oui, s'il vous plaît.
4. — Tu prends encore des champignons?
5. — Je n'en veux plus.

ANSWERS Quiz 8-1A

A. (15 points: 1 point per item)
Benoît
du lait
des yaourts
du fromage
du porc
du bœuf

Gabrielle
des fraises
des papayes
des mangues
des pêches
des goyaves
des ananas

Agnès
du maïs
des pommes de terre
des haricots verts
des champignons

B. (10 points: 1 point per item)
1. du; du; de la
2. une; des; une; un
3. des; des; un

C. (5 points: 1 point per item)
1. b
2. c
3. a
4. c
5. b

D. (5 points: 1 point per item)
1. les oignons
2. les goyaves
3. le bœuf
4. les avocats
5. le maïs

ANSWERS Quiz 8-1B

I. Listening (10 points: 1 point per item)
A. The following should be circled:
avocados
chicken
fish
green beans
lemons
meat
pork
potatoes
tomatoes
yogurt

II. Reading (10 points: 2 points per item)
B. 1. chocolate cake
2. tomatoes
3. potatoes
4. cheese and chocolate cake
5. yes

III. Culture (5 points)
C. Answers will vary. Possible answer:
Every city, town, and village in Côte
d'Ivoire has an open-air market.
You can buy food, cloth, housewares,
medicine, and herbal remedies. There
is a common market language called
djoula.

IV. Writing (10 points)
D. Answers will vary. Possible answer:
Il me faut du pain, du fromage et du
jambon. Il me faut aussi de la salade,
des champignons, des tomates et des
œufs. Pour le dessert, il me faut des
bananes, des ananas et des fraises.

ANSWERS Quiz 8-2A

A. (12 points: 2 points per item)
1. Rapporte-moi; Je veux bien
2. Tu peux; je n'ai pas le temps
3. N'oublie pas
4. Pourquoi pas

B. (6 points: 1 point per item)
1. peuvent
2. pouvons
3. peux; peux
4. pouvez
5. peut

C. (12 points: 2 points per item)
1. Je voudrais une douzaine d'oranges.
2. Il me faut un morceau de gâteau.
3. Tu me rapportes un paquet de riz?
4. Achète-moi deux kilos de porc!
5. Donne-moi trois boîtes de pêches!
6. Voici huit tranches de jambon.

ANSWERS Quiz 8-2B

I. Listening (7 points: 1 point per item)
  A. 1. b
      2. a
      3. a
      4. b
      5. b
      6. c
      7. a

II. Reading (10 points: 1 point per item)
  B. bread
      1 liter of milk
      2 kilos of tomatoes
      1 pound of okra
      1 kilo of rice
      1 box of sugar
      flour
      one dozen eggs
      butter
      one can of pineapple

III. Culture (3 points: 1 point per item)
  C. 1. d
      2. c
      3. a

IV. Writing (10 points)
  D. Answers will vary. Possible answer:
    — Patricia, tu peux faire les courses?
    — Non, je regrette, mais je n'ai pas le temps.
    — Et toi, Alain, est-ce que tu peux faire les courses?
    — Je ne peux pas maintenant.
    — Sylvie, tu peux aller au supermarché?
    — Bon, d'accord. Qu'est-ce qu'il te faut?
    — Achète-moi une tarte, de la glace, un morceau de fromage, un paquet de riz et un litre de lait, s'il te plaît.

CHAPITRE 8

ANSWERS Quiz 8-3A

A. (12 points: 2 points per item)
1. b
2. a
3. b
4. a
5. b
6. c

B. (7 points: 1 point per item)
1. g
2. e
3. d
4. f
5. b
6. a
7. c

C. (6 points: 1 point per item)
1. Oui, nous en avons.
2. Non, nous n'en avons pas.
3. Non, il n'y en a pas.
4. Oui, il y en a.
5. Non, nous n'en avons pas.
6. Oui, il y en a.

D. (10 points: 2 points per item)
1. Tu veux de l'eau minérale?
2. Vous prenez des fraises?
3. Je veux des sandwiches au fromage.
4. Ils veulent de la viande.
5. Nous ne prenons pas de gombos.

ANSWERS Quiz 8-3B

I. Listening (10 points: 2 points per item)
A. 1. a
2. c
3. b
4. a
5. c

II. Reading (10 points: 2 points per item)
B. 1. a
2. b
3. a
4. c
5. b

III. Culture (5 points: 1 point per item)
C. 1. a
2. a
3. b
4. b
5. b

IV. Writing (10 points)
D. Answers will vary. Possible answer:
TIM Tu veux du pain?
MARC Oui, s'il te plaît.
TIM Tu veux du poulet?
MARC Oui, avec plaisir.
TIM Tu prends des pommes de terre?
MARC Non, merci.
TIM Encore des haricots verts?
MARC Oui, j'en veux bien.
TIM Tu veux du fromage?
MARC Non, merci, je n'ai plus faim.

I. Listening

A. 1. — Pour le dîner, il me faut du pain.
    2. — J'ai envie de manger un bon sandwich. Il me faut du saucisson.
    3. — Aujourd'hui, il me faut du poulet.
    4. — Ce soir, je vais faire une salade.
    5. — J'ai besoin de lait pour faire une quiche.

B. 6. — Tu veux du pain?
       — Oui, avec plaisir.
    7. — Koffi, tu me rapportes une douzaine d'œufs?
       — Oui, maman.
    8. — Vous prenez de l'eau minérale?
       — Non, merci.
    9. — De quoi est-ce que tu as besoin?
       — De lait et de farine.
   10. — Tu peux me rapporter un kilo de pommes?
       — D'accord.

C. 11. — Dis, qu'est-ce que tu prends au petit déjeuner?
       — Oh, d'habitude, du chocolat, du pain, du beurre et de la confiture.
   12. — Sylvie, qu'est-ce que tu prends au petit déjeuner?
       — Je prends du café, du jus d'orange et des fruits.
   13. — Tu prends quoi au petit déjeuner?
       — J'aime bien prendre du lait avec des céréales, du pain
          avec du beurre et du jus d'orange.
   14. — Eh, Paul, qu'est-ce que tu veux pour le petit déjeuner?
       — J'ai faim! Je voudrais des œufs avec du pain, du beurre
          et bien sûr, du thé.
   15. — Qu'est-ce que tu aimes manger pour le petit déjeuner?
       — Moi, du café, des croissants et du beurre.

Answers to Chapter Test • Chapitre 8

I. Listening   Maximum Score: 30 points

A. (10 points: 2 points per item)
1. d
2. e
3. c
4. a
5. b

B. (10 points: 2 points per item)
6. c
7. b
8. c
9. a
10. b

C. (10 points: 2 points per item)
11. d
12. a
13. b
14. e
15. c

II. Reading   Maximum Score: 30 points

D. (10 points: 2 points per item)
16. a
17. b
18. b
19. a
20. b

E. (10 points: 2 points per item)
21. c
22. a
23. e
24. d
25. b

F. (10 points: 2 points per item)
26. c
27. c
28. c
29. b
30. a

III. Culture   Maximum Score: 10 points

G. (10 points: 2 points per item)
31. a
32. b
33. a
34. b
35. b

IV. Writing   Maximum Score: 30 points

H. (10 points)
Answers will vary. Possible answer:
Chère Alice,
    Vendredi, je vais faire un dîner chez moi.
Tu viens? Je vais faire du poulet avec du riz
et des petits pois. Je vais aussi faire une
salade. Nous allons aussi manger une tarte
aux pommes.
A bientôt.

I. (10 points: 2 points per item)
Answers will vary. Possible answers:
un litre de lait, une douzaine d'œufs, un kilo
de pommes, une bouteille d'eau minérale, un
paquet de beurre

J. (10 points)
Answers will vary. Possible answer:

JACQUELINE	Tu veux encore du poisson?
NATHALIE	Oui, je veux bien. J'aime beaucoup le poisson. Tu veux de l'eau minérale?
JACQUELINE	Oui, s'il te plaît. Tu aimes le poulet?
NATHALIE	Oui, c'est délicieux.
JACQUELINE	Tu veux encore de la salade?
NATHALIE	Non, merci. Je n'ai plus faim.

CHAPITRE 8

Au téléphone

Quiz 9-1A

■ PREMIERE ETAPE

Maximum Score: 30/100

Grammar and Vocabulary

A. Marc is asking Eve about her weekend. Use the **passé composé** of the verbs in parentheses to complete their conversation. (8 points)

MARC   Tu **(1)** _____ (passer) un bon week-end?

EVE   Samedi après-midi, je **(2)** _____ (aller) à la plage avec mon amie Claire.

MARC   Qu'est-ce que tu **(3)** _____ (faire)?

EVE   Nous **(4)** _____ (jouer) au volley avec des amis de Claire.

MARC   Et samedi soir? Tu **(5)** _____ (aller) où?

EVE   Le soir, nous **(6)** _____ (prendre) un taxi pour aller au restaurant chinois.

MARC   Alors, vous **(7)** _____ (bien manger)?

EVE   Oui, très bien. Ensuite, Claire et moi, nous **(8)** _____ (beaucoup parler). C'était très chouette!

SCORE ☐

B. Complete each of these conversations logically with the **passé composé** of the verb in parentheses and the appropriate adverb from the box. Use each adverb only once. (10 points)

| ■ beaucoup | ne... pas encore | souvent | trop | déjà |

1. — Tu veux déjeuner à la cantine avec moi?

   — Non merci, je/j' _____ (manger) chez moi.

2. — Vous avez vu le théâtre antique d'Arles?

   — Non, nous _____ (visiter) les monuments d'Arles.

3. — Pendant les vacances, Hélène est sortie le soir?

   — Oui, tous les soirs! Hélène et Marie-Claire _____ (voir) des films au cinéma.

Quiz 9-1A

4. — Qu'est-ce que Jean-Jacques a pris au fast-food?

— Trois hamburgers avec des frites. Il _____ (manger)!

5. — Est-ce que ton frère a fait un voyage l'année dernière?

— Oui! En Europe, en Asie et en Afrique. Il _____
(voyager).

SCORE ☐

C. Unscramble the cues provided to write complete sentences in the **passé composé**. Be sure to make any necessary changes. (12 points)

1. amis / et Sophie / au / des / retrouver / Justine / café

_____ .

2. la / déjeuner / nous / cantine / jours / à / les / tous

_____ .

3. sympa / au / fille / commercial / Marc / rencontrer / centre / une

_____ .

4. devoirs / vous / oublier / de / vos / géométrie

_____ ?

5. CD / j' / francs / cent / j' / acheter / parce que / un / trouver

_____ .

6. gagner / et / tu / tu / fast-food / francs / travailler / au / cent vingt

_____ .

SCORE ☐

TOTAL SCORE ☐ /30

9 Au téléphone

■ PREMIÈRE ÉTAPE

Quiz 9-1B

Maximum Score: 30/100

I. Listening

A. Listen as the following friends talk about their weekends. Then decide whether each person's weekend was **a) good, b) bad,** or **c) OK.** (10 points)

1. _____

2. _____

3. _____

4. _____

5. _____

SCORE ☐

II. Reading

B. Read Hervé's conversation with Michel about Michel's morning at school. Then decide whether each statement that follows refers to **a) Hervé, b) Michel,** or **c) neither one.** (10 points)

HERVE   Salut, Michel. Qu'est-ce que tu as fait ce matin?

MICHEL   Quelle journée épouvantable!

HERVE   Qu'est-ce qui s'est passé?

MICHEL   D'abord, mon réveil n'a pas sonné et j'ai raté le bus. J'ai oublié mon sandwich et je n'ai rien à manger pour midi!

HERVE   Tu as de l'argent? Tu peux acheter quelque chose à la cantine.

MICHEL   Oui, j'en ai. Je vais acheter quelque chose. Enfin, je suis allé à mon cours d'histoire et j'ai cherché mes devoirs dans mon sac à dos... et pas de devoirs! Je les ai oubliés chez moi.

HERVE   Oh là là. Et ton cours de sciences nat, ça s'est bien passé?

MICHEL   Oui. Je n'ai pas raté mon interro de sciences nat, j'ai même eu 16!

HERVE   Bravo! Moi, j'ai eu 15. Allez, salut, Michel.

MICHEL   Salut, Hervé.

Quiz 9-1B

1. _____ He had a horrible morning.

2. _____ He suggests buying something at the school cafeteria.

3. _____ He forgot his lunch.

4. _____ He forgot his French homework.

5. _____ He failed his science quiz.

SCORE [   ]

III. Writing

C. You had a great weekend and you're telling your friend François about it. Write a conversation in which you answer his questions, telling him what you did and how much fun it was. You should write at least eight sentences. (10 points)

_____

_____

_____

_____

_____

_____

_____

_____

_____

_____

_____

_____

_____

_____

_____

_____

_____

SCORE [   ]

TOTAL SCORE [   ] /30

CHAPITRE 9

Au téléphone

■ DEUXIEME ETAPE

Maximum Score: 35/100

Grammar and Vocabulary

A. Choose the most logical ending from the box below for each of the following sentences. (4 points)

a. répondre aux questions du prof.

e. étudies à la bibliothèque.

d. adore les sports d'hiver.

c. perds toujours tes devoirs.

b. Pamela au cinéma.

f. n'aime pas les sports.

_____ 1. Tu vas rater ta classe d'anglais parce que tu...

_____ 2. Je suis très timide. Je n'aime pas...

_____ 3. Laure ne va pas vendre ses skis. Elle...

_____ 4. Nous attendons...

SCORE [   ]

B. Your computer has a virus and it has scrambled the script of a French play that you're directing. Put the following script of a telephone conversation in the most logical order by numbering the lines from 1-7. (7 points)

_____ — Vous pouvez lui dire qu'on va au stade à six heures et demie?

_____ — Oui. Mais, est-ce que je peux laisser un message?

_____ — Non, elle n'est pas là. Vous pouvez rappeler plus tard?

_____ — Allô?

_____ — D'accord. Au revoir.

_____ — Bonjour! C'est Sandrine Michot à l'appareil. Nicole est là, s'il vous plaît?

_____ — Bien sûr.

SCORE [   ]

CHAPITRE 9

Quiz 9-2A

C. Complete each of the sentences below with the correct present tense form of the verb in parentheses. (16 points)

1. Je _____ (répondre) au téléphone quand mes parents ne sont pas là.

2. Odile et Pascal _____ (vendre) des fleurs au marché.

3. Sabine _____ (perdre) toujours ses devoirs.

4. Nous _____ (attendre) le bus.

5. Vous _____ (répondre) aux questions du prof.

6. Tu _____ (vendre) ton vélo.

7. Je téléphone à Li, mais ça ne _____ (répondre) pas.

8. Jérôme et Nicolas, vous _____ (perdre) toujours vos portefeuilles!

SCORE [   ]

D. Tell what these people did yesterday using the verb in parentheses. (8 points)

1. Michel _____ (perdre) son cahier de maths.

2. Tu _____ (répondre) à la lettre de ta grand-mère.

3. Je/J' _____ (vendre) mon vélo.

4. Francine et Didier _____ (attendre) vingt minutes devant le cinéma.

SCORE [   ]

TOTAL SCORE [/35   ]

CHAPITRE 9

Au téléphone

Quiz 9-2B

Maximum Score: 35/100

■ DEUXIEME ETAPE

I. Listening

A. Listen to the following phone conversations. In each one, mark **a)** if the caller gets to talk to the person he or she is calling or **b)** if the caller doesn't get to talk to that person. (9 points)

1. _____

2. _____

3. _____

SCORE [   ]

II. Reading

B. Read the following telephone message and then decide if the statements are **a) true** or **b) false**. (10 points)

MESSAGE	pour : *Alain*
Reçu le _____ *19 janvier* _____	
à _____ *9* _____ heures	
_____ *Paul* _____ a téléphoné	
_____ a téléphoné sans laisser de message	
_*X*_ demande de le rappeler	
au N° _____ *03.20.41.40.39* _____	
_*X*_ a laissé le message suivant : *N'oublie pas le match de volley vendredi. Téléphone à Marie aussi!*	

1. _____ Alain left this message for Paul.

2. _____ Paul called and didn't leave a message.

3. _____ Paul wanted to remind Alain about the volleyball game.

4. _____ Alain is supposed to call Marie.

5. _____ Paul doesn't want Alain to call back.

SCORE [   ]

Quiz 9-2B

III. Culture

C. Correct the following false statements about the French telephone system. (6 points)

1. Card-operated telephones are being replaced by coin-operated phones to reduce vandalism.

   _____
   _____

2. A **télécarte** can be purchased at local cafés and hotels.

   _____
   _____

3. You receive a bill for the calls you make with your **télécarte**.

   _____
   _____

SCORE ☐

IV. Writing

D. Henri is calling his friend Mélanie Delauney, but Mélanie's sister Sophie answers the phone. Complete their conversation below. You should add at least five lines. (10 points)

— Allô? Je suis bien chez les Delauney?

   _____
   _____
   _____
   _____
   _____
   _____
   _____
   _____

SCORE ☐

TOTAL SCORE ☐ /35

9 Au téléphone

Quiz 9-3A

■ TROISIEME ETAPE

Maximum Score: 35/100

Grammar and Vocabulary

A. You're working for the school newspaper. The letters that several students wrote to the advice columnist **Chère Mathilde** have gotten mixed up with the responses, and you're trying to sort them out. Place the phrases below in the appropriate column. (5 points)

> **Pourquoi tu ne leur téléphones pas?**

> **Ne t'en fais pas!**

> **Qu'est-ce que tu me conseilles?**

> **J'ai un petit problème.**

> **Ça va aller mieux!**

STUDENT

CHERE MATHILDE

_____   _____

_____   _____

_____   _____

_____   _____

SCORE _____

B. Several of your friends are asking for advice about problems they have. Choose the most logical response to each of their problems. (10 points)

_____ 1. Je ne comprends pas la géométrie!

_____ 2. Mon frère veut aller à Paris cet été, mais il n'a pas d'argent.

_____ 3. Je veux aller à une boum ce soir, mais je n'ai pas de robe.

_____ 4. J'ai oublié mon déjeuner à la maison.

_____ 5. Je n'ai pas vu ma copine depuis deux semaines.

a. Tu devrais aller au centre commercial.

b. Mange à la cantine!

c. Parle-leur!

d. Pourquoi il ne travaille pas?

e. Oublie-le!

f. Tu devrais parler au prof.

g. Téléphone-lui!

h. Achète-les!

SCORE _____

Quiz 9-3A

C. Read each of these statements and circle the person or thing that each pronoun is replacing. (10 points)

1. Ils vont le prendre.
   - **a.** le sandwich
   - **b.** les frites
   - **c.** une pizza

2. Tu devrais lui répondre.
   - **a.** Clara et Patrick
   - **b.** la lettre
   - **c.** ton frère

3. Pourquoi tu ne les achètes pas?
   - **a.** ces bottes
   - **b.** cette ceinture
   - **c.** ce pantalon

4. Elle est mignonne. Invite-la!
   - **a.** ton copain
   - **b.** Simone
   - **c.** Anne et Sarah

5. Je les cherche depuis longtemps.
   - **a.** ta calculatrice
   - **b.** tes baskets
   - **c.** ta sœur

SCORE [   ]

D. Complete these conversations by circling the appropriate pronouns. (10 points)

1. — Je ne comprends pas du tout mes parents.
   — Pourquoi tu ne (lui / leur) parles pas?

2. — Ma copine travaille à Rome pendant tout l'été.
   — Tu devrais (lui / leur) écrire une lettre.

3. — Il me faut des fraises pour faire une tarte.
   — Tu peux (les / leur) acheter au marché.

4. — Je n'ai pas encore fait la vaisselle.
   — Tu devrais (les / la) faire tout de suite.

5. — Pauline n'est pas sympa.
   — Alors, ne (l' / le) invite pas à ta boum.

SCORE [   ]

TOTAL SCORE [/35]

CHAPITRE

9 Au téléphone

Quiz 9-3B

■ TROISIEME ETAPE

Maximum Score: 35/100

I. Listening

A. Listen to the following people and tell if they are a) **asking for advice** or b) **giving advice**. (10 points)

1. _____

2. _____

3. _____

4. _____

5. _____

SCORE [   ]

II. Reading

B. Read the letter that Emile sent Assika and the letter Assika wrote in reply. Then decide if the statements that follow are a) **true** or b) **false**. (15 points)

Assika,
Je peux te parler? J'ai un petit pro-
blème. Je voudrais aller au concert
ce soir avec mes amis, mais j'ai un
examen de maths demain matin. J'ai
raté le dernier, j'ai eu 8! Imagine!
A ton avis, qu'est-ce que je fais?
Emile

Emile,
Tu devrais étudier pour l'examen. Je
sais que tu adores Vanessa Paradis,
mais elle va donner un autre concert
dans deux mois. Alors, ne t'en fais
pas! Tu peux étudier chez moi et je
peux t'aider à faire tes maths. D'accord?
Assika

Quiz 9-3B

1. _____ Assika wants to go to the concert tomorrow night.

2. _____ Emile is struggling in math class.

3. _____ Emile will not be able to see Vanessa Paradis for another two years.

4. _____ Assika advises Emile to go to the concert instead of studying.

5. _____ Assika offers to help Emile with his math.

SCORE [ ]

III. Writing

C. Your pen pal wrote you a letter, telling you that he or she is having trouble with a friend who isn't talking to him or her. Write a letter to reassure your pen pal and offer some solutions. You should write at least five sentences. (10 points)

Cher/Chère _____,

_____

_____

_____

_____

_____

_____

_____

_____

_____

_____

_____

_____

SCORE [ ]

TOTAL SCORE [ ] /35

Au téléphone

I. Listening

Maximum Score: 30

A. Listen to Henri ask his friends about their weekends. Choose the illustration that shows what each of his friends did over the weekend. (10 points)

a.

b.

c.

d.

e.

1. _____

2. _____

3. _____

4. _____

5. _____

SCORE ☐

B. Listen to the messages the following people left on your telephone answering machine. Match each person with the message he or she left you. (10 points)

6. _____ Jeanne   **a.** called to say hello.

7. _____ Claude   **b.** apologized; can't go to the restaurant on Saturday.

8. _____ Philippe   **c.** called to invite you to a movie.

9. _____ Agnès   **d.** called to remind you about the soccer game.

10. _____ Marc   **e.** asked how you were doing; wanted you to call back.

SCORE ☐

Chapter Test

C. Listen to the following remarks. For each one, decide whether the speaker is **a) describing a problem** or **b) offering advice.** (10 points)

11. _____

12. _____

13. _____

14. _____

15. _____

SCORE [   ]

II. Reading

Maximum Score: 30

D. Read Lucien's journal entry below. Then put his activities for Saturday in order. (10 points)

le 21 octobre

Quelle journée! J'ai fait tellement de choses aujourd'hui. Par où commencer? D'abord, j'ai raté le bus et je suis arrivé un peu en retard au travail, mais pas beaucoup. J'ai travaillé au centre commercial jusqu'à six heures et après, je suis allé au cinéma. C'était assez intéressant! Après le film, j'ai rencontré une fille très sympa, Tanya. Elle est en première aussi. Nous avons dîné dans un restaurant chinois. Je l'ai invitée à une boum dimanche soir. J'ai passé un samedi super!

16. _____   **a.** Lucien ate in a Chinese restaurant.

17. _____   **b.** Lucien missed the bus.

18. _____   **c.** Lucien saw a movie.

19. _____   **d.** Lucien met Tanya.

20. _____   **e.** Lucien worked at the mall.

SCORE [   ]

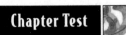
E. Read the telephone conversation Jean's mother had with Jean's friend Nicole, and then choose the phrases that correctly complete the statements below. (10 points)

MME MAURIN	Allô?
NICOLE	Bonjour, Mme Maurin, c'est Nicole Blanc à l'appareil.
MME MAURIN	Ah oui, bonjour, Nicole. Vous voulez parler à Jean?
NICOLE	Oui, est-ce qu'il est là, s'il vous plaît?
MME MAURIN	Une seconde, ne quittez pas... Non, il est parti. Vous voulez laisser un message?
NICOLE	Vous pouvez lui dire que j'ai téléphoné et que je vais l'attendre au café à quatorze heures?
MME MAURIN	Oui, bien sûr.
NICOLE	Vous pouvez aussi lui dire qu'il a oublié son sac à dos à la bibliothèque, mais je l'ai avec moi.
MME MAURIN	D'accord, merci beaucoup, Nicole.
NICOLE	De rien, madame. Au revoir.
MME MAURIN	Au revoir.

_____ 21. Nicole asks . . .
  a. whether Jean wants to speak to her.
  b. how Mrs. Maurin is doing.
  c. whether Jean is home.

_____ 22. Mrs. Maurin says that . . .
  a. Jean is on the second floor.
  b. Jean has left.
  c. Jean left a message for Nicole.

_____ 23. Nicole says that . . .
  a. she will see Jean in two hours.
  b. Jean is waiting for her in a café.
  c. she'll meet Jean at two o'clock.

_____ 24. Mrs. Maurin says that . . .
  a. she doesn't want to go to the library.
  b. she'll tell Jean that Nicole called.
  c. she doesn't need a backpack.

_____ 25. Nicole . . .
  a. has to go to the library.
  b. wants to go backpacking with Jean.
  c. has Jean's backpack with her.

SCORE

Chapter Test

F. Read the following letters from students to the school newspaper advice column. Match each letter with the reply written by the editor of the column. (10 points)

26. _____
J'ai beaucoup de problèmes, mais je n'ai personne pour m'écouter. Je ne comprends pas la chimie. Je ne sais pas quoi faire et je suis souvent très triste. Je ne veux plus travailler pour mes examens. Que faire?

a.
Tu peux toujours étudier avec tes amis. N'oublie pas que les maths sont très utiles. Bonne chance!

27. _____
Je ne comprends pas très bien en classe. Quelquefois, je pense à autre chose et je n'écoute pas. Je veux dormir en classe! Les maths, c'est barbant! Aide-moi vite!

b.
Il y a seulement une solution. Tu devrais leur en parler. Dis-leur que cette boum est très importante pour toi. Je suis sûr qu'ils vont t'écouter. Bonne chance!

28. _____
J'ai rencontré un garçon sympa la semaine dernière. Je vais faire une boum chez moi ce week-end, et je veux l'inviter, mais je ne suis pas sûre. Qu'est-ce que tu me conseilles?

c.
Tu devrais lui parler! Vous pouvez étudier ensemble, peut-être. Bonne chance!

d.
Ne t'en fais pas! Ça va aller mieux. Mais, tu dois étudier pour tes examens, même si tu ne veux pas. Demande à ton prof de t'aider.

29. _____
Je voudrais rencontrer une fille qui est dans ma classe de maths. Elle est très jolie et très intelligente. Elle me regarde quelquefois, mais elle semble timide... et moi aussi! La fin de l'année scolaire approche. Que faire?

e.
Pourquoi pas? A mon avis, invite-le!

30. _____
Je voudrais aller à une boum samedi, mais mes parents ne sont pas d'accord. Je travaille bien en classe, j'ai toujours de bonnes notes et je ne sors pas beaucoup. Un ami m'a invité à une boum chez lui samedi. Qu'est-ce que tu me conseilles?

SCORE

III. Culture

Maximum Score: 10

G. Read the following statements about telephoning in France. Decide if they're **a) true** or **b) false**. (10 points)

31. _____ The French telecommunications network is one of the best in the world.

32. _____ It's cheaper to talk on the telephone in France than in the United States.

33. _____ You can make telephone calls at the post office in France.

34. _____ Coin-operated telephones are gradually replacing card-operated ones.

35. _____ Many French teenagers have a phone in their room.

SCORE [   ]

IV. Writing

Maximum Score: 30

H. You've had a fairly eventful weekend, and you're writing a note to tell a friend about it. Use at least five of the verbs given below to tell what you did or what happened to you or a family member. Be sure to ask your friend about his or her weekend. (10 points)

| voir | faire | acheter | retrouver | aller | chanter |
| prendre | gagner | oublier | trouver | sortir | chercher |

_____

_____

_____

_____

_____

_____

_____

_____

_____

_____

_____

_____

SCORE [   ]

Chapter Test

I. Complete this telephone conversation logically. (10 points)

— Allô?

— _____

— Non, Philippe est parti. Qui est à l'appareil?

— _____

— Ah, bonjour, Anne.

— _____

— Bien sûr.

— _____

— D'accord. Je vais lui donner le message.

— _____

— De rien. Au revoir, Anne.

SCORE [   ]

J. Your friend Cécile is upset because she wants to visit Paris in the summer but she has no money. Write a conversation in which Cécile asks for your advice. First console Cécile, and then give her advice on what to do. (10 points)

_____

_____

_____

_____

_____

_____

_____

_____

_____

_____

SCORE [   ]

TOTAL SCORE [/100]

Circle the letter that matches the most appropriate response.

I. Listening

Maximum Score: 30

A. (10 points)

1. a b c d e
2. a b c d e
3. a b c d e
4. a b c d e
5. a b c d e

SCORE ☐

B. (10 points)

6. a b c d e
7. a b c d e
8. a b c d e
9. a b c d e
10. a b c d e

SCORE ☐

C. (10 points)

11. a b
12. a b
13. a b
14. a b
15. a b

SCORE ☐

II. Reading

Maximum Score: 30

D. (10 points)

16. a b c d e
17. a b c d e
18. a b c d e
19. a b c d e
20. a b c d e

SCORE ☐

E. (10 points)

21. a b c
22. a b c
23. a b c
24. a b c
25. a b c

SCORE ☐

F. (10 points)

26. a b c d e
27. a b c d e
28. a b c d e
29. a b c d e
30. a b c d e

SCORE ☐

III. Culture

Maximum Score: 10

G. (10 points)

31. a b
32. a b
33. a b
34. a b
35. a b

SCORE ☐

IV. Writing

Maximum Score: 30

H. (10 points)

_____

_____

_____

_____

_____

SCORE ☐

I. (10 points)

— Allô?

— _____

— Non, Philippe est parti. Qui est à l'appareil?

— _____

— Ah, bonjour, Anne.

— _____

— Bien sûr.

— _____

— D'accord. Je vais lui donner le message.

— _____

— De rien. Au revoir, Anne.

SCORE ☐

J. (10 points)

_____

_____

_____

_____

_____

SCORE ☐

TOTAL SCORE ☐ /100

Quiz 9-1B Première étape

I. Listening

1. — Qu'est-ce qui s'est passé ce week-end?
   — D'abord, j'ai retrouvé mes amis à la cantine. Ensuite, nous avons fait les vitrines au centre commercial. C'était très chouette!
2. — Qu'est-ce que tu as fait ce week-end?
   — J'ai vu deux films complètement nuls. C'était très mauvais!
3. — Tu as passé un bon week-end?
   — Oh, pas mauvais. J'ai fait un pique-nique avec mes grands-parents.
4. — Tu es allé où ce week-end?
   — Je suis allé voir un match de foot avec des amis. C'était excellent!
5. — Qu'est-ce que tu as fait ce week-end?
   — J'ai travaillé au fast-food. C'était épouvantable!

Quiz 9-2B Deuxième étape

I. Listening

1. — Allô?
   — Bonjour, madame. Est-ce que je peux parler à Valérie, s'il vous plaît?
   — Je regrette, Valérie n'est pas à la maison.
   — Dommage! Vous pouvez lui dire que Serge a téléphoné?
   — Bien sûr. Au revoir, Serge.
2. — Allô?
   — Bonjour, madame. Est-ce que je peux parler à Monsieur Sanzot?
   — Qui est à l'appareil?
   — Gérard Rochon, madame.
   — Ne quittez pas, s'il vous plaît.
   — Allô, Gérard?
   — Oh, bonjour, Monsieur Sanzot.
3. — Allô?
   — Allô, Catherine?
   — Non, c'est Thérèse. Qui est à l'appareil?
   — Salut, Thérèse. C'est Jacques. Est-ce que Catherine est là?
   — Une seconde, s'il te plaît, je vais voir.
   — Merci!
   — Elle est là, mais elle est occupée. Tu peux rappeler plus tard?
   — D'accord. A bientôt.

Quiz 9-3B Troisième étape

I. Listening

1. Si tu veux aller au concert, tu devrais en parler à tes parents.
2. Je voudrais regarder un film à la télé, mais j'ai des devoirs à faire. Qu'est-ce que tu me conseilles?
3. Tu as rendez-vous avec Jacques et tu as raté le bus? Téléphone-lui!
4. Je veux aller en Espagne cet été, mais ça coûte cher. A ton avis qu'est-ce que je peux faire?
5. J'ai un petit problème. Je peux te parler?

Answers to Quizzes 9-1A and 9-1B • Chapitre 9

ANSWERS Quiz 9-1A

A. (8 points: 1 point per item)
1. as passé
2. suis allée
3. as fait
4. avons joué
5. es allée
6. avons pris
7. avez bien mangé
8. avons beaucoup parlé

B. (10 points: 2 points per item)
1. ai déjà mangé
2. n'avons pas encore visité
3. ont souvent vu
4. a trop mangé
5. a beaucoup voyagé

C. (12 points: 2 points per item)
Answers may vary. Possible answers:
1. Justine et Sophie ont retrouvé des amis au café.
2. Nous avons déjeuné tous les jours à la cantine.
3. Marc a rencontré une fille sympa au centre commercial.
4. Vous avez oublié vos devoirs de géométrie?
5. J'ai acheté un CD parce que j'ai trouvé cent francs.
6. Tu as travaillé au fast-food et tu as gagné cent vingt francs.

ANSWERS Quiz 9-1B

I. Listening (10 points: 2 points per item)
A. 1. a
2. b
3. c
4. a
5. b

II. Reading (10 points: 2 points per item)
B. 1. b
2. a
3. b
4. c
5. c

III. Writing (10 points)
C. Answers will vary. Possible answer:
— Tu as passé un bon week-end?
— Oui, excellent!
— Qu'est-ce que tu as fait?
— D'abord, je suis allé au match de football. Ensuite, je suis allé au centre commercial pour acheter des disques compacts et manger quelque chose. J'ai rencontré une fille très sympa. Elle travaille au fast-food.
— Qu'est-ce qui s'est passé?
— Nous avons beaucoup parlé. Elle est super-gentille!
— Et après?
— Après, nous sommes allés au cinéma et nous avons vu *La Guerre des étoiles.* C'était très chouette!

ANSWERS Quiz 9-2A

A. (4 points: 1 point per item)
1. c
2. a
3. d
4. b

B. (7 points: 1 point per item)
6, 4, 3, 1, 7, 2, 5

C. (16 points: 2 points per item)
1. réponds
2. vendent
3. perd
4. attendons
5. répondez
6. vends
7. répond
8. perdez

D. (8 points: 2 points per item)
1. a perdu
2. as répondu
3. ai vendu
4. ont attendu

ANSWERS Quiz 9-2B

I. Listening (9 points: 3 points per item)
   A. 1. b
   2. a
   3. b

II. Reading (10 points: 2 points per item)
   B. 1. b
   2. b
   3. a
   4. a
   5. b

III. Culture (6 points: 2 points per item)
   C. Answers will vary. Possible answers:
   1. Coin-operated phones are being replaced by card-operated phones.
   2. A **télécarte** can be purchased at a post office or newsstand.
   3. A **télécarte** is purchased in advance. It has a fixed number of units that are used depending on the distance and the duration of the phone call.

IV. Writing (10 points)
   D. Answers will vary. Possible answer:
   — Allô? Je suis bien chez les Delauney?
   — Oui, qui est à l'appareil?
   — C'est Henri. Mélanie est là?
   — Non, elle est allée à la bibliothèque.
   — Est-ce que je peux laisser un message?
   — Bien sûr.
   — Tu peux lui dire que j'ai téléphoné?
   — D'accord.

CHAPITRE 9

ANSWERS Quiz 9-3A

A. (5 points: 1 point per item)
STUDENT
Qu'est-ce que tu me conseilles?
J'ai un petit problème.

CHERE MATHILDE
Pourquoi tu ne leur téléphones pas?
Ne t'en fais pas!
Ça va aller mieux!

B. (10 points: 2 points per item)
1. f
2. d
3. a
4. b
5. g

C. (10 points: 2 points per item)
1. a
2. c
3. a
4. b
5. b

D. (10 points: 2 points per item)
1. leur
2. lui
3. les
4. la
5. l'

ANSWERS Quiz 9-3B

I. Listening (10 points: 2 points per item)
A. 1. b
2. a
3. b
4. a
5. a

II. Reading (15 points: 3 points per item)
B. 1. b
2. a
3. b
4. b
5. a

III. Writing (10 points)
C. Answers will vary. Possible answer:
Chère Claudine,
Merci bien pour ta lettre. Alors, Sylvie ne te parle pas. Tu devrais lui téléphoner. Elle a peut-être un problème. Ne t'en fais pas, ça va aller mieux!

I. Listening

   A. 1. — Salut, Michèle! Tu as passé un bon week-end?
             — Bof, ça a été. J'ai fait mes devoirs.

       2. — Dis, Marie, tu as passé un bon week-end?
             — Oui, très chouette. J'ai rencontré un garçon sympa.

       3. — Eric, qu'est-ce que tu as fait ce week-end?
             — Je suis allé au centre commercial avec ma sœur Sandrine. J'ai acheté des baskets.

       4. — Tu as passé un bon week-end, Monique?
             — Oui, super. J'ai trouvé 100 F au parc.

       5. — Et toi, Mohamed, qu'est-ce que tu as fait ce week-end?
             — Vendredi soir, j'ai dîné avec mes parents. Samedi et dimanche, pas grand-chose.

   B. 6. — C'est Jeanne. Je suis désolée, mais je ne peux pas aller au restaurant samedi. Tchao.

       7. — C'est Claude à l'appareil. Je te téléphone pour te dire bonjour. C'est tout. A tout à l'heure.

       8. — Ici Philippe. N'oublie pas qu'on va jouer au foot ce soir. Au revoir.

       9. — Bonjour. C'est Agnès. Comment vas-tu? Rappelle-moi plus tard.

     10. — Salut, c'est Marc. Tu veux aller au cinéma ce soir? Je t'invite.

   C. 11. — Je voudrais bien aller au concert de Vanessa Paradis, mais ça coûte trop cher.

     12. — Je voudrais sortir avec Claudine, mais elle ne me parle pas.

     13. — Tu devrais en parler au prof avant le cours.

     14. — J'ai raté mon examen de maths et je ne sais pas quoi faire.

     15. — Je trouve qu'il n'est pas très gentil. Oublie-le!

I. Listening   Maximum Score: 30 points

A. (10 points: 2 points per item) **B.** (10 points: 2 points per item) **C.** (10 points: 2 points per item)

1. e	6. b	11. a
2. b	7. a	12. a
3. d	8. d	13. b
4. c	9. e	14. a
5. a	10. c	15. b

II. Reading   Maximum Score: 30 points

D. (10 points: 2 points per item) **E.** (10 points: 2 points per item) **F.** (10 points: 2 points per item)

16. b	21. c	26. d
17. e	22. b	27. a
18. c	23. c	28. e
19. d	24. b	29. c
20. a	25. c	30. b

III. Culture   Maximum Score: 10 points

G. (10 points: 2 points per item)

31. a
32. b
33. a
34. b
35. b

IV. Writing   Maximum Score: 30 points

H. (10 points)
Answers will vary. Possible answer:
Cher Raoul,
Ça va? Moi, j'ai passé un week-end super!
D'abord, je suis allé au centre commercial et
j'ai acheté une montre noire et des disques
compacts de Sheryl Crow. Ensuite, samedi
matin, ma sœur et moi, nous avons fait un
pique-nique au parc. Tu sais, j'ai trouvé cent
dollars au parc! Alors, le soir, j'ai retrouvé
mes copains au restaurant français et nous
avons bien mangé! Et toi, qu'est-ce que tu
as fait?

           Ecris-moi vite!
           Daniel

I. (10 points: 2 points per item)
Answers will vary. Possible answers:
— Allô?
— **Est-ce que Philippe est là, s'il vous plaît?**
— Non, Philippe est parti. Qui est à l'appareil?
— **C'est Anne.**
— Ah, bonjour, Anne.
— **Je peux laisser un message?**
— Bien sûr.
— **Vous pouvez lui dire que j'ai téléphoné?**
— D'accord. Je vais lui donner le message.
— **Merci.**
— De rien. Au revoir, Anne.

J. (10 points)
Answers will vary. Possible answer:
CECILE   Salut! Tu as une minute?
STUDENT Oui, je t'écoute.
CECILE   Je veux visiter Paris cet été mais
              je n'ai pas d'argent. Qu'est-ce
              que tu me conseilles?
STUDENT Ne t'en fais pas! Pourquoi tu ne
              travailles pas à la bibliothèque?
CECILE   Bonne idée! Merci.

CHAPITRE 9

Dans un magasin de vêtements

 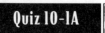
■ PREMIERE ETAPE

Maximum Score: 35/100

Grammar and Vocabulary

A. You're in charge of selecting the costumes for the school play. Pick the outfits that would be the most logical for each of the following characters. (6 points)

_____ 1. Madame Lemaire qui va à l'opéra

_____ 2. Jocelyne qui est toujours à la plage

_____ 3. Monsieur Proust qui travaille au bureau

_____ 4. Nicolas qui joue au tennis

_____ 5. Mai qui va au lycée

_____ 6. Guy qui adore faire du ski

a. des baskets et un short

b. une robe et des boucles d'oreilles

c. un jean et un pull

d. un maillot de bain et des lunettes de soleil

e. une écharpe et un blouson

f. une cravate et une veste

SCORE [   ]

B. Sabine is trying to arrange her closet according to the seasons. Put each item in the most logical section. (11 points)

une mini-jupe   un short   un pull   un cardigan   des sandales

un blouson   une écharpe   un manteau

un maillot de bain   un sweat-shirt   des bottes

Pour l'hiver   **Pour l'été**

_____   _____

_____   _____

_____   _____

_____   _____

_____   _____

_____   _____

SCORE [   ]

CHAPITRE 10

Quiz 10-1A

C. Use the cues provided and write complete sentences to tell what these people are or are not wearing. Be sure to make all the necessary changes. (14 points)

1. Tu / mettre / pull / rouge

   _____

2. Vous / mettre / montre

   _____

3. Je / ne... pas mettre / chaussettes

   _____

4. Tu / porter / bottes

   _____

5. Marc / mettre / cravate

   _____

6. Mes sœurs / ne... pas porter / ceintures

   _____

7. Nous / mettre / beaucoup / bracelets

   _____

SCORE ☐

D. You're writing an article about the gala organized by the French club last weekend, and you're taking notes on what everyone wore. Make complete sentences in the **passé composé** using the cues provided. (4 points)

1. Coralie _____ (porter) une robe.

2. Leah et Donna _____ (mettre) des jupes.

3. Vous _____ (mettre) des vestes.

4. Patrick et moi, nous _____ (porter) des chemises.

SCORE ☐

TOTAL SCORE ☐ /35

CHAPITRE 10

CHAPITRE 10

Dans un magasin de vêtements

■ PREMIÈRE ÉTAPE

I. Listening

A. Listen to the following remarks. Then decide whether each speaker is **a) asking for advice** or **b) giving advice.** (15 points)

1. _____ 2. _____ 3. _____ 4. _____ 5. _____ SCORE [   ]

II. Reading

B. Madame Lanson asked her three children to clean out their closets and put aside their old clothes. They're each telling her what they have in their closets after they were cleaned. Choose the closet that corresponds to each child. (9 points)

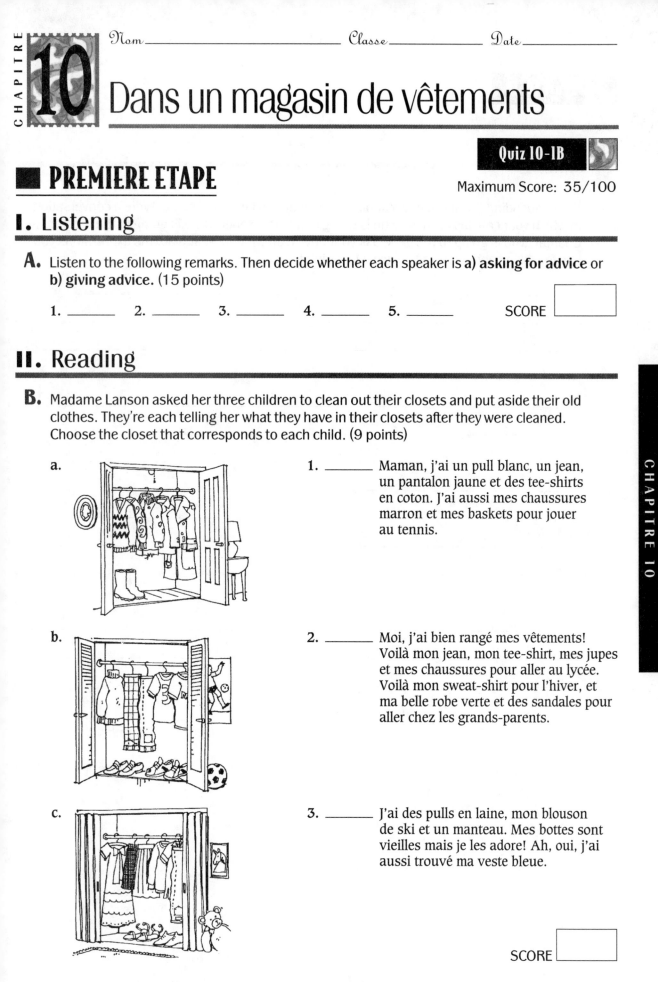

a.

1. _____ Maman, j'ai un pull blanc, un jean, un pantalon jaune et des tee-shirts en coton. J'ai aussi mes chaussures marron et mes baskets pour jouer au tennis.

b.

2. _____ Moi, j'ai bien rangé mes vêtements! Voilà mon jean, mon tee-shirt, mes jupes et mes chaussures pour aller au lycée. Voilà mon sweat-shirt pour l'hiver, et ma belle robe verte et des sandales pour aller chez les grands-parents.

c.

3. _____ J'ai des pulls en laine, mon blouson de ski et un manteau. Mes bottes sont vieilles mais je les adore! Ah, oui, j'ai aussi trouvé ma veste bleue.

SCORE [   ]

CHAPITRE 10

Quiz 10-1B

III. Writing

C. You're spending the summer vacation with your aunt's family in France. Write a conversation in which your cousins Michèle, who is going to a party, Robert, who is going to the theater, and Chantal, who is going to the park, ask your advice on what to wear. Vary the expressions you use for asking and for giving advice. (11 points)

_____

_____

_____

_____

_____

_____

_____

_____

_____

_____

_____

_____

_____

_____

_____

SCORE _____

TOTAL SCORE _____ /35

Nom _____ Classe _____ Date _____

Dans un magasin de vêtements

Quiz 10-2A

Maximum Score: 30/100

■ DEUXIEME ETAPE

Grammar and Vocabulary

A. Use the suggested phrases to complete these conversations that you might hear at a clothing boutique. (20 points)

1. — Vous désirez?

   — _____
      (I'm just looking.)

2. — Excusez-moi, madame, _____ ?
      (do you have that in 34)

   — Je ne sais pas. Je vais voir.

3. — _____ quelque chose _____
      (I'd like)   *(to go with)*

   ce pantalon. _____ ce chemisier?
      (Can I try on)

4. — J'adore le manteau dans la vitrine! _____
      (How much is it?)

   — C'est 995 F.

5. — _____ quelque chose _____ .
      (I need)   *(in red)*

   — Nous avons ce pantalon, cette veste et ces chaussures dans cette couleur.

6. — Est-ce que je peux vous aider?

   — Oui, _____ aller à une boum.
      (I'm looking for something to)

   — Regardez ces jupes en coton.

   — Vous les avez _____ ?
      (in leather)

SCORE [   ]

Quiz 10-2A

B. Tell the saleswoman that you prefer the items she's showing you in another color. Don't repeat the item in your answers. (4 points)

1. — Voici une robe noire.

   — Je préfère _____ *(the white one)*

2. — Vous aimez l'écharpe rouge?

   — Je préfère _____ *(the green one)*

3. — Voici des chaussures roses.

   — Je préfère _____ *(the purple ones)*

4. — Nous avons des manteaux marron.

   — Je préfère _____ *(the blue ones)*

SCORE ☐

C. Fill in the blank with the appropriate present tense form of the verb in parentheses. (6 points)

1. Nous _____ (maigrir) quand nous ne mangeons pas de chocolat.

2. Je _____ (choisir) un livre de science-fiction.

3. Les enfants _____ (grandir) chaque année.

4. Nicolas _____ (grossir) quand il ne joue pas au foot.

5. Tu _____ (maigrir) en été.

6. Vous _____ (choisir) un steak-frites.

SCORE ☐

TOTAL SCORE ☐ /30

CHAPITRE 10

Dans un magasin de vêtements

■ DEUXIEME ETAPE

I. Listening

A. Listen to the following statements. Then for each one, decide whether **a) a customer** or **b) a salesperson** is speaking. (12 points)

1. _____   2. _____   3. _____   4. _____   5. _____   6. _____

SCORE [   ]

II. Reading

B. Read the letter that Lise has written to her friend Renate in Paris, and then tell if the statements that follow are **a) true** or **b) false.** (10 points)

> Chère Renate,
>   Comment ça va? Je suis allée au centre commercial hier avec Raphaël et Martine.
> C'était super! J'ai acheté un manteau marron et un chapeau noir. Le chapeau est
> chouette! J'ai trouvé un chemisier bleu pour aller avec ma jupe blanche. Mon chemisier
> vert est trop petit maintenant parce que j'ai bien grossi. J'ai aussi acheté des sandales
> super chic pour ma sœur pour son anniversaire. Tu sais, elle a vraiment grandi! Nous
> avons vu aussi des chemises en jean en solde. Alors moi, j'ai choisi une chemise noire et
> Raphaël a pris une chemise bleue. Martine a acheté une ceinture en cuir, une belle jupe
> et des tee-shirts en coton pour le lycée. Elle a maigri un peu cette année. Et toi, ça
> va? Tu fais les magasins à Paris?
>
>   Ecris-moi vite!
>   Lise

_____ 1. Lise's sister has grown taller.

_____ 2. Raphaël and Lise bought some denim shirts at the mall.

_____ 3. Lise bought a new coat because she didn't like her old one.

_____ 4. Martine bought a silk shirt to wear to school.

_____ 5. According to Lise, Martine has lost weight.

SCORE [   ]

Quiz 10-2B

III. Writing

C. Serge is shopping for a new pair of pants to wear to a party on Saturday. Complete Serge's half of the conversation with logical responses. (8 points)

VENDEUSE   Bonjour, monsieur. Est-ce que je peux vous aider?

SERGE   _____

_____

VENDEUSE   D'accord. Nous avons ces pantalons en coton.

SERGE   _____

_____

VENDEUSE   Non, mais nous les avons en bleu, en vert et en noir.

SERGE   _____

_____

VENDEUSE   En 36? Oui, voilà.

SERGE   _____

_____

VENDEUSE   150 F, monsieur.

SCORE [   ]

TOTAL SCORE [/30]

CHAPITRE 10

CHAPITRE 10

Dans un magasin de vêtements

■ TROISIEME ETAPE

Grammar and Vocabulary

A. Sylvie and her brother Max are trying to buy a birthday gift for their mother, but they always have opposite opinions. Complete their conversation with the appropriate adjectives from the box. Use a different adjective each time. (10 points)

> petit   courte   serrée   jolie   démodée
>
> beau   horrible   chouette

SOPHIE   Comment tu trouves cette robe, Max? Elle est très à la mode, non?

MAX   Mais non! Elle est **(1)** _____ .

SOPHIE   Regarde cette écharpe, elle est sensas!

MAX   Pas du tout! Elle est vraiment **(2)** _____ !

SOPHIE   Ben, ce blouson est joli mais un peu grand.

MAX   Au contraire! Je le trouve **(3)** _____ . Tu aimes cette veste? Elle est un peu large mais je l'aime bien.

SOPHIE   Non, elle est trop **(4)** _____ .

MAX   Alors, prenons cette jupe bleue. Elle est assez longue. Maman va l'adorer.

SOPHIE   Ecoute, Max, la jupe est **(5)** _____ . Maman ne va pas porter une mini-jupe, quand même!

SCORE [   ]

B. Read the statements below, and then, in the sentences that follow, replace the underlined words with the appropriate direct object pronoun. (5 points)

1. Je choisis <u>les chaussettes rouges.</u> Je _____ choisis.

2. Il a trouvé <u>le blouson.</u> Il _____ a trouvé.

3. Tu vas prendre <u>cette ceinture.</u> Tu vas _____ prendre.

4. Nous détestons <u>ce film.</u> Nous _____ détestons.

5. Je déteste <u>la biologie.</u> Je _____ déteste.

SCORE [   ]

Quiz 10-3A

C. You're at the mall with some friends. Answer their questions according to the cues below. Use the appropriate direct object pronoun in your responses. (10 points)

1. Tu prends la chemise blanche?

   Oui, _____

2. Tu portes tes écharpes au printemps?

   Non, _____

3. Tu aimes ce short?

   Non, _____

4. Tu choisis le blouson vert?

   Oui, _____

5. Tu préfères ces baskets bleues?

   Oui, _____

SCORE [   ]

D. You're at the school cafeteria in France. Complete these snippets of conversations that you overhear with **Il/Elle est, Ils/Elles sont,** or **C'est.** (10 points)

1. — Oh, je n'aime plus ce cardigan. Il n'est pas chic.

   — Oui, _____ un peu large.

2. — Comment tu trouves mes bottes en cuir?

   — _____ cool!

3. — Pourquoi tu n'achètes pas ce vélo?

   — _____ trop cher!

4. — Tu aimes porter un jean à l'école?

   — Oui, _____ très confortable, porter un jean.

5. — J'adore tes boucles d'oreilles. _____ mignonnes.

   — Tu trouves?

SCORE [   ]

TOTAL SCORE [   ] /35

CHAPITRE 10

Dans un magasin de vêtements

 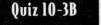
■ TROISIEME ETAPE

Maximum Score: 35/100

I. Listening

A. Listen to the following conversation. Write **a)** if the person is **paying a compliment** or **b)** if the person is **criticizing.** (10 points)

1. _____   2. _____   3. _____   4. _____   5. _____   SCORE

II. Reading

B. Andrée is considered a "fashion counselor" by her friends. Read the questions they're asking her and choose the most logical answer. (15 points)

1. _____ Mes parents et moi, nous allons rendre visite à ma grand-mère. Je veux me mettre en jean, comme d'habitude, mais mes parents ne veulent pas. Je vais mettre ce pantalon bleu. Comment tu le trouves?

2. _____ Je vais faire une promenade à la montagne avec une fille très sportive et très élégante. C'est l'hiver et il neige. Comment tu trouves ce blouson jaune et vert?

3. _____ Cet après-midi, je vais à la plage avec des amies. Je vais mettre mon maillot de bain rose et des boucles d'oreilles. Comment tu trouves ces grosses boucles d'oreilles vertes?

4. _____ Céline et moi, nous allons fêter l'anniversaire de mon frère dans un restaurant chic. Je vais porter ma longue jupe noire avec un chemisier rose. Elle te plaît, cette jupe?

5. _____ Marie-Christine et moi, nous allons au cinéma samedi. Je sais qu'elle aime beaucoup le style western. Je vais porter une chemise de cowboy, un jean et des bottes. Tu aimes mieux les bleues ou les noires?

a. Oui, elle est à la mode et je la trouve très mignonne.

b. Les noires parce que les bleues sont trop rétro.

c. C'est parfait! Il va très bien avec ta chemise jaune et ta cravate.

d. Je le trouve horrible. Pourquoi tu ne mets pas ton manteau noir?

e. Je les trouve moches, elles ne vont pas du tout avec le rose.

SCORE

Quiz 10-3B

III. Writing

C. Look at the following illustrations and write the conversation you think Laurent and the salesperson might be having. You should write at least eight lines. (10 points)

   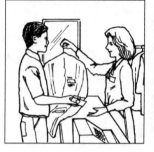

— Est-ce que je peux vous aider?

— _____

— _____

— _____

— _____

— _____

— _____

— _____

— _____

— _____

— _____

— _____

— _____

— _____

— _____

— _____

SCORE [ ]

TOTAL SCORE [/35]

Allez, viens! Level 1, Chapter 10

CHAPITRE 10

Dans un magasin de vêtements

Chapter Test

I. Listening

Maximum Score: 30

A. Listen as Sylvie points out people at a party to Eric, a new student at school. Choose the person she is describing from the illustration below. (10 points)

a.   b.   c.   d.   e.

1. _____ Lucie

2. _____ Marcel

3. _____ Delphine

4. _____ Valérie

5. _____ Mathieu

SCORE [   ]

B. Listen to the following statements. Decide whether **a) the customer** or **b) the salesperson** is speaking. (10 points)

6. _____

7. _____

8. _____

9. _____

10. _____

SCORE [   ]

CHAPITRE 10

Chapter Test

C. Listen to the following people as they examine items in a store. Do they a) **like** or b) **dislike** the clothing they're looking at? (10 points)

11. _____

12. _____

13. _____

14. _____

15. _____

SCORE [____]

II. Reading

Maximum Score: 30

D. The following is an advertisement for the big sale at **Euromarché**. Read the ad and then decide whether these statements are a) **true** or b) **false.** (10 points)

**EUROMARCHE
DES PRIX CHOCS!!**

Tous nos vêtements et chaussures sont en solde du 21 au 29 mars! Venez vite profiter de ces prix exceptionnels!

Venez voir notre grande collection!

- chaussures blanches, jaunes, rouges, vertes et noires
- boucles d'oreilles de toutes les couleurs
- lunettes de soleil blanches, bleues et noires
- ceintures dans toutes les tailles

Profitez aussi de nos soldes sur les vêtements d'hiver...

- Des anoraks branchés à 400 F!
- Des bottes à 300 F!
- Des pulls à 120 F!
- Des sweat-shirts à partir de 80 F!

Incroyable, mais vrai.

Venez tous à Euromarché!!!

---

16. _____ The shoes are available in five colors.

17. _____ The sunglasses are available in gray, blue, and black.

18. _____ Ties are featured in this sale ad.

19. _____ The boots are more expensive than the sweaters.

20. _____ **Euromarché** is advertising its sale prices on winter clothes.

SCORE [____]

Chapter Test

E. At the airport, five suitcases that look alike were lost. Each passenger made a list of articles that were in his or her suitcase. Match each list of contents with the correct suitcase. (10 points)

21. _____ «Dans ma valise, il y a un short, un tee-shirt, un maillot de bain, des sandales et des lunettes de soleil.»

a.

22. _____ «Dans ma valise, il y a un jean, des chaussettes, un pull et une ceinture.»

b.

23. _____ «Dans ma valise, il y a un jean, un tee-shirt, des chaussettes et une casquette.»

c.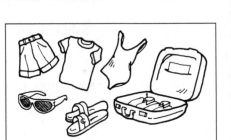

24. _____ «Dans ma valise, il y a un chemisier, une écharpe, des chaussures et une jupe.»

d.

25. _____ «Dans ma valise, il y a des chaussures, des chaussettes, une chemise et une cravate.»

e.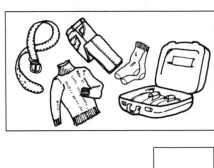

SCORE [　　　]

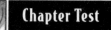

Chapter Test

F. Your school newspaper conducted a poll on fashion. Read what two students had to say. Then decide whether the statements that follow would most likely have been made by **a) Marc** or **b) Patricia.** (10 points)

Marc Joubert, 16 ans

Pour moi, la mode, c'est le confort. Je suis très actif, alors, en général, je porte des jeans et des tee-shirts. J'aime aussi les pulls et les sweats. Pour aller à une boum, je mets une veste et une cravate. J'aime beaucoup les vêtements noirs. Je ne mets jamais de vêtements serrés.

Patricia Delépine, 15 ans

Pour moi, la mode, c'est tout ! J'adore les vêtements. Je n'ai pas vraiment de style typique, mais j'aime surtout mettre des robes et des jupes longues. Je n'aime pas les jupes courtes. Pour aller à une boum, j'adore les chemisiers en soie ; ils sont très chic.

---

26. _____ "I don't really wear one certain style."

27. _____ "I wear clothes that I can be active in."

28. _____ "Fashion is everything."

29. _____ "I don't enjoy wearing clothes that are tight."

30. _____ "For parties, I like to wear blazers."

SCORE _____

III. Culture

Maximum Score: 12 points

G. How might a French person interpret this scene? Answer in English. (6 points)

— I love your dress. It's just your style.

— Thank you.

_____

_____

_____

SCORE _____

CHAPITRE 10

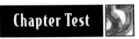

H. Imagine you're an exchange student in France. How would you respond to the following compliments? Vary your answers. (6 points)

1. C'est un nouveau blouson? Il te va bien!

_____

2. Tes lunettes de soleil sont très chic!

_____

SCORE [ ]

IV. Writing

Maximum Score: 28 points

I. Why can't these people wear these clothes anymore? Write what happened based on the illustrations below. Use the **passé composé** in your answers. (8 points)

a. Marc

b. David

c. Monsieur Pagnol

d. Lise et Hélène

a. _____

b. _____

c. _____

d. _____

SCORE [ ]

CHAPITRE 10

Allez, viens! Level 1, Chapter 10

Testing Program **265**

HRW material copyrighted under notice appearing earlier in this work.

Chapter Test

J. Your friend Janine is shopping for new clothes. Write a conversation in which she tries on different outfits and asks for your opinion on fit and colors. Janine tries on at least four different articles of clothing before you both agree on what looks good. (10 points)

_____

_____

_____

_____

_____

_____

_____

_____

_____

SCORE [   ]

K. Anne is shopping at a French clothing boutique. Write a conversation in which she tells the salesperson what she's looking for and inquires about prices, sizes, color, and fabric. (10 points)

_____

_____

_____

_____

_____

_____

_____

_____

_____

_____

_____

_____

SCORE [   ]

TOTAL SCORE [   ] /100

Circle the letter that matches the most appropriate response.

I. Listening
Maximum Score: 30

A. (10 points)

1. a b c d e
2. a b c d e
3. a b c d e
4. a b c d e
5. a b c d e

SCORE ☐

B. (10 points)

6.   a b
7.   a b
8.   a b
9.   a b
10. a b

SCORE ☐

C. (10 points)

11. a b
12. a b
13. a b
14. a b
15. a b

SCORE ☐

II. Reading
Maximum Score: 30

D. (10 points)

16. a b
17. a b
18. a b
19. a b
20. a b

SCORE ☐

E. (10 points)

21. a b c d e
22. a b c d e
23. a b c d e
24. a b c d e
25. a b c d e

SCORE ☐

F. (10 points)

26. a b
27. a b
28. a b
29. a b
30. a b

SCORE ☐

III. Culture
Maximum Score: 12

G. (6 points)

_____

_____

SCORE ☐

H. (6 points)

1. _____

2. _____

SCORE ☐

IV. Writing

Maximum Score: 28

I. (8 points)

a. _____

b. _____

c. _____

d. _____

SCORE [ ]

J. (10 points)

_____

_____

_____

_____

_____

_____

_____

_____

SCORE [ ]

K. (10 points)

_____

_____

_____

_____

_____

_____

_____

_____

_____

_____

_____

SCORE [ ]

TOTAL SCORE [/100]

(margin) CHAPITRE 10

Quiz 10-1B Première étape

I. Listening

1. Je ne sais pas quoi mettre pour aller à l'opéra avec mes parents.
2. Pourquoi est-ce que tu ne mets pas une robe noire?
3. Pour aller à la fête chez Sophie, qu'est-ce que je mets?
4. Pour aller à la piscine, mets ton maillot de bain et prends tes lunettes de soleil.
5. Il fait froid aujourd'hui. Si tu sors, mets un blouson!

Quiz 10-2B Deuxième étape

I. Listening

1. Il me faut des chaussures pour partir en vacances. Qu'est-ce que vous avez?
2. Je peux essayer ce chemisier en 36?
3. Ça fait cent vingt francs pour la jupe et le pull.
4. Oui, nous avons ça en coton.
5. Je cherche quelque chose pour aller avec ce pantalon.
6. Non, merci, je regarde.

Quiz 10-3B Troisième étape

I. Listening

1. — Elle me va, cette cravate?
   — Euh... la cravate, ce n'est pas vraiment ton style.
2. — Sensas, cette couleur, tu ne trouves pas?
   — Je pense que le jaune ne te va pas très bien.
3. — J'aime ça, mais j'hésite.
   — Elle est super à la mode, cette veste. Prends-la!
4. — Ce pantalon n'est pas trop serré?
   — Mais non, c'est parfait!
5. — J'ai choisi. Je prends cette chemise!
   — Moi, je la trouve très moche.

CHAPITRE 10

Answers to Quizzes 10-1A and 10-1B • Chapitre 10

ANSWERS Quiz 10-1A

A. (6 points: 1 point per item)
1. b
2. d
3. f
4. a
5. c
6. e

B. (11 points: 1 point per item)
Pour l'hiver:
un manteau
un blouson
un pull
une écharpe
des bottes
un sweat-shirt
un cardigan

Pour l'été:
un short
des sandales
une mini-jupe
un maillot de bain

C. (14 points: 2 points per item)
1. Tu mets un pull rouge.
2. Vous mettez une montre.
3. Je ne mets pas de chaussettes.
4. Tu portes des bottes.
5. Marc met une cravate.
6. Mes sœurs ne portent pas de ceintures.
7. Nous mettons beaucoup de bracelets.

D. (4 points: 1 point per item)
1. a porté
2. ont mis
3. avez mis
4. avons porté

ANSWERS Quiz 10-1B

I. Listening (15 points: 3 points per item)
A. 1. a
2. b
3. a
4. b
5. b

II. Reading (9 points: 3 points per item)
B. 1. b
2. c
3. a

III. Writing (11 points)
C. Answers will vary. Possible answer:

MICHELE	Je vais à la boum de David demain. Qu'est-ce que je mets?
STUDENT	Mets ta jupe rouge et tes bottes noires. Et n'oublie pas tes boucles d'oreilles rouges!
ROBERT	Je ne sais pas quoi mettre pour aller au théâtre avec Marie.
STUDENT	Pourquoi est-ce que tu ne mets pas ton pantalon noir, ta chemise blanche, ta cravate bleue et une veste noire?
CHANTAL	Je vais au parc ce soir et je ne sais pas quoi mettre.
STUDENT	Mets un short et un tee-shirt.

ANSWERS Quiz 10-2A

A. (20 points: 2 points per item)
1. Je regarde.
2. vous avez ça en 34?
3. J'aimerais/Je voudrais; pour aller avec; Je peux essayer
4. C'est combien?/Ça fait combien?
5. J'ai besoin de/Il me faut; en rouge
6. je cherche quelque chose pour; en cuir

B. (4 points: 1 point per item)
1. la blanche
2. la verte
3. les violettes
4. les bleus

C. (6 points: 1 point per item)
1. maigrissons
2. choisis
3. grandissent
4. grossit
5. maigris
6. choisissez

ANSWERS Quiz 10-2B

I. Listening (12 points: 2 points per item)
A. 1. a
2. a
3. b
4. b
5. a
6. a

II. Reading (10 points: 2 points per item)
B. 1. a
2. a
3. b
4. b
5. a

III. Writing (8 points: 2 points per item)
C. Answers will vary. Possible answers:

VENDEUSE	Bonjour, monsieur. Est-ce que je peux vous aider?
SERGE	**J'aimerais un pantalon pour aller avec ce pull.**
VENDEUSE	D'accord. Nous avons ces pantalons en coton.
SERGE	**Vous les avez en rouge?**
VENDEUSE	Non, mais nous les avons en bleu, en vert et en noir.
SERGE	**J'aime le bleu. Vous l'avez en 36, s'il vous plaît?**
VENDEUSE	36? Oui, voilà.
SERGE	**Merci. C'est combien?**
VENDEUSE	150 F, monsieur.

ANSWERS Quiz 10-3A

A. (10 points: 2 points per item)
1. démodée
2. horrible
3. petit
4. serrée
5. courte

B. (5 points: 1 point per item)
1. les
2. l'
3. la
4. le
5. la

C. (10 points: 2 points per item)
1. Oui, je la prends.
2. Non, je ne les porte pas au printemps.
3. Non, je ne l'aime pas.
4. Oui, je le choisis.
5. Oui, je les préfère.

D. (10 points: 2 points per item)
1. il est
2. Elles sont
3. Il est
4. c'est
5. Elles sont

ANSWERS Quiz 10-3B

I. Listening (10 points: 2 points per item)
A. 1. b
2. b
3. a
4. a
5. b

II. Reading (15 points: 3 points per item)
B. 1. c
2. d
3. e
4. a
5. b

III. Writing (10 points)
C. Answers will vary. Possible answer:

LAURENT — Oui, j'aimerais une veste bleue.
SALESPERSON — D'accord. Voilà. C'est tout à fait votre style.
LAURENT — Elle est trop grande, non? Vous l'avez en 36?
SALESPERSON — Oui, voilà.
LAURENT — J'aime bien cette veste.
SALESPERSON — Elle vous va très bien.
LAURENT — C'est combien?
SALESPERSON — 300 F.
LAURENT — Voilà.
SALESPERSON — Merci, monsieur.

I. Listening

A. 1. — Dis, Eric, tu connais Lucie? C'est la fille avec la robe et les chaussures noires.
   — Ah, d'accord.

2. — Sylvie, qui est ce garçon avec le pantalon, la veste et la cravate?
   — C'est Marcel. Il est très sympa.

3. — Et là, qui c'est, la fille avec la jupe et les sandales?
   — Ah, ça c'est Delphine. Elle est en seconde.

4. — La fille en jean et en baskets, c'est qui?
   — Ça, c'est Valérie. Elle chante dans la chorale.

5. — Et le garçon avec un jean et un pull, comment s'appelle-t-il?
   — Il s'appelle Mathieu.

B. 6. Je cherche un pantalon rose.
7. Je peux l'essayer?
8. Non, mais nous l'avons en noir.
9. J'aimerais un chemisier pour aller avec mon pantalon.
10. Vous avez choisi?

C. 11. Ce manteau en jean est super.
12. Cette casquette est vraiment moche.
13. Je trouve les bottes en cuir très chic.
14. J'aime bien ces boucles d'oreilles. Elles sont très à la mode.
15. A mon avis, ce blouson est démodé.

Answers to Chapter Test • Chapitre 10

I. Listening Maximum Score: 30 points

A. (10 points: 2 points per item)
1. d
2. b
3. a
4. e
5. c

B. (10 points: 2 points per item)
6. a
7. a
8. b
9. a
10. b

C. (10 points: 2 points per item)
11. a
12. b
13. a
14. a
15. b

II. Reading Maximum Score: 30 points

D. (10 points: 2 points per item)
16. a
17. b
18. b
19. a
20. a

E. (10 points: 2 points per item)
21. c
22. e
23. a
24. d
25. b

F. (10 points: 2 points per item)
26. b
27. a
28. b
29. a
30. a

III. Culture Maximum Score: 12 points

G. (6 points)
Answers will vary. Possible answer:
French people tend to downplay compliments. Saying "thank you" may be viewed as conceited.

H. (6 points: 3 points per item)
Answers will vary. Possible answers:
1. Vraiment? Oh, c'est vieux.
2. Tu trouves?

IV. Writing Maximum Score: 28 points

I. (8 points: 2 points per item)
a. Il a maigri.
b. Il a grandi.
c. Il a grossi.
d. Elles ont grandi.

J. (10 points: 2 points per item)
Answers will vary. Possible answer:

JANINE Cette jupe est sensas! Tu aimes?

STUDENT Non, elle ne te va pas du tout. Elle est trop serrée.

JANINE Et ce blouson, il te plaît?

STUDENT Ben, je le trouve démodé.

JANINE Et comment tu trouves ce chemisier blanc?

STUDENT Pas terrible. Je préfère le bleu.

JANINE Elle me va cette robe rouge?

STUDENT Oui, elle est chic. C'est tout à fait ton style!

K. (10 points)
Answers will vary. Possible answer:

— Bonjour, mademoiselle. Vous désirez?
— J'aimerais un chemisier blanc pour aller avec ma jupe en jean.
— Oui, voilà un chemisier blanc.
— Vous avez ça en 36?
— Oui, mademoiselle, nous l'avons en 36.
— Je peux l'essayer?
— Bien sûr. Voilà!
— Vous avez ça en rouge aussi?
— Non, mademoiselle, mais nous l'avons en bleu.
— Ça fait combien?
— 100 F, mademoiselle.

Vive les vacances!

Quiz 11-1A

■ PREMIERE ETAPE

Maximum Score: 40/100

Grammar and Vocabulary

A. Bernard is telling you about the things he likes to do. Using the activities in the box and the illustrations, suggest where he can go to do these activities. (6 points)

> faire de la plongée   faire du ski   faire de l'équitation et jouer au volley

1.

Tu peux _____

_____ .

2.

Tu peux _____

_____ .

3.

Tu peux _____

_____ .

SCORE [   ]

CHAPITRE 11

Quiz 11-1A

B. You're confirming everyone's plans for next weekend. Write complete sentences in French, using the cues provided, to tell what you and your friends are going to do. Don't forget to use the appropriate forms of the verb **aller**. (8 points)

1. Michelle (sailing)

_____

2. Martin et moi (going to the countryside)

_____

3. Loïc et Stéphane (going to the forest)

_____

4. Tu (going to grandmother's house)

_____

SCORE [   ]

C. You're looking at an agenda for a world tour in a travel brochure, but some of the print is not very legible. Write **à, au, aux,** or **en** in front of each place. (14 points)

Nous allons voyager **(1)** _____ Etats-Unis, **(2)** _____ Miami, **(3)** _____ Canada, **(4)** _____ Brésil, **(5)** _____ Sénégal, **(6)** _____ Maroc, **(7)** _____ Espagne, **(8)** _____ France, **(9)** _____ Berlin, **(10)** _____ Italie, **(11)** _____ Egypte, **(12)** _____ Viêt-Nam, **(13)** _____ Chine et **(14)** _____ Tokyo.

SCORE [   ]

D. José and Karl are talking about their plans for the upcoming vacation. Complete their conversation using the cues provided. (12 points)

— **(1)** _____ pendant les vacances d'été?
(Where are you going to go)

— En juillet, **(2)** _____ aller au bord de la mer pour
(I feel like)

   (3) _____ . Et toi? **(4)** _____ ?
(to windsurf)   *(What are you going to do)*

— Je vais **(5)** _____ et **(6)** _____ .
(to go camping)   *(to hike)*

SCORE [   ]

TOTAL SCORE [/40   ]

Nom_____ Classe_____ Date_____

Vive les vacances!

■ PREMIÈRE ÉTAPE

I. Listening

A. Listen to the following people talk about their vacation plans. For each person, write if he or she
a) has definite plans or **b) is unsure.** (10 points)

1. _____ Ariane   3. _____ Sabine   5. _____ Geoffrey

2. _____ Maxime   4. _____ Chloé

SCORE [   ]

II. Reading

B. Read this brochure for a summer camp. Then decide whether the statements that follow are **a)
true** or **b) false.** (10 points)

BIENVENUE A **VERTES COLLINES!**
LA COLONIE DE VACANCES IDEALE POUR LES JEUNES DE 8 A 16 ANS

A la colonie de vacances de **VERTES COLLINES,** vous passerez des vacances mémorables au bord de la mer.
Ouvert du 18 juin au 28 août.

Si vous êtes passionné de sports nautiques vous pouvez...
- faire de la voile tous les matins de 7h à 11h
- faire de la planche à voile tous les après-midi de 13h à 18h
- faire de la natation en piscine olympique le lundi, le mercredi et le vendredi de 8h à 11h
- faire de la plongée le mardi, le jeudi et le samedi de 14h à 18h

Si vous aimez la campagne, nous vous proposons aussi des excursions le week-end. Vous pouvez faire du
camping (du vendredi soir au dimanche après-midi), faire de la randonnée à pied (tous les jours, de 13h à 18h).

Si vous aimez les sports d'équipe, vous pouvez jouer au volley, au basket et au rugby.

Nous avons aussi 5 courts de tennis disponibles pour les amateurs.

Enfin si vous préférez des activités calmes et culturelles, nous vous offrons des stages d'arts plastiques et de
folklore (le lundi, le mercredi et le vendredi, de 10h à midi et de 14h à 16h30).

Pour plus d'informations, téléphonez à **VERTES COLLINES** au 02.41.43.56.09.

---

1. _____ This summer camp is ideal for someone who enjoys the mountains.

2. _____ This camp would be good for someone who wants to learn how to go scuba diving.

3. _____ This camp offers only water sports.

4. _____ A person who enjoys tennis wouldn't have the opportunity to play at this camp.

5. _____ The program in this summer camp includes arts and sports.

SCORE [   ]

CHAPITRE 11

Quiz 11-1B

III. Culture

C. Read the following statements about summer camps in France. Then decide if they're
a) **true** or b) **false.** (10 points)

1. _____ Young adults, called **randonnées,** help run the camps.

2. _____ Some camps offer courses in folk dancing.

3. _____ Some camps offer sports.

4. _____ Admission to camp is very competitive since there are so few in France.

5. _____ Only very young children attend camp.

SCORE [   ]

IV. Writing

D. Louis and Elise are talking about their summer vacation plans. Elise knows where she's going
and what she's going to do. Louis is not sure of his plans, but he would like to do a couple of
different things. Write their conversation using expressions for inquiring, indecision, and
wishes. (10 points)

_____

_____

_____

_____

_____

_____

_____

_____

_____

_____

_____

_____

_____

SCORE [   ]

TOTAL SCORE [/40]

CHAPITRE 11

Nom_____ Classe_____ Date_____

Vive les vacances!

Maximum Score: 30/100

■ DEUXIEME ETAPE

Grammar and Vocabulary

A. You and a friend are telling each other riddles. Write, in French, the name of the object that your friend is describing. (7 points)

1. You need this to travel by plane from New York to L.A. _____

2. You use this when it's raining. _____

3. You need this to carry your clothes when you travel. _____

4. You need this to travel by train. _____

5. You use this to make lasting images. _____

6. You need this to travel to many foreign countries. _____

7. You buy this for your friends and family on special occasions. _____

SCORE [   ]

B. After a great Thanksgiving dinner, you're recording in your journal everyone's plans for the rest of the evening. Fill in each blank with the appropriate present tense form of the verb in parentheses. (8 points)

Ma tante Agathe et mon oncle **(1)** _____ (partir) ce soir, mais Laurent, mon

cousin, **(2)** _____ (partir) demain. Il **(3)** _____ (sortir)

avec nous ce soir. Mes cousins, mon frère et moi, nous allons au cinéma. Nous

(4) _____ (sortir) souvent ensemble. Mon frère, Lucien, et ses amis ne

(5) _____ (sortir) jamais avec nous. Ils aiment aller au théâtre, aux musées

et aux cafés. Moi, je trouve ça barbant!

Mes grands-parents **(6)** _____ (dormir) chez nous ce soir. Ils prennent

ma chambre. Alors, pour ce soir, je **(7)** _____ (dormir) sur le sofa. Mes

grands-parents ne prennent jamais la chambre de Lucien, alors il **(8)** _____

(dormir) toujours dans sa chambre. Bon, je dois partir maintenant.

SCORE [   ]

Quiz 11-2A

C. Two friends are saying goodbye at the airport. Complete their conversation using the cues provided. (10 points)

— (1) _____ de m'envoyer une carte postale.
    (Don't forget)

— D'accord.

— (2) _____ de faire une réservation à l'hôtel?
    (You didn't forget)

— Non, (3) _____ .
    (don't worry)

— (4) _____ ! Au revoir.
    (Have a good vacation)

— Au revoir. (5) _____ !
    (Have fun)

SCORE [   ]

D. Your friends are telling you about their problems. Suggest some solutions using the command forms of the verbs in parentheses. (5 points)

1. Jacob is always tired.

   (dormir) _____ plus la nuit!

2. Albain and Renato are bored.

   (faire) _____ une boum avec vos amis!

3. Alice has been working for six months straight.

   (partir) _____ en vacances!

4. Ed and Arnold always arrive late to school.

   (prendre) _____ le bus de 7h!

5. Allan didn't get good grades in French.

   (sortir) _____ moins avec tes amis!

SCORE [   ]

TOTAL SCORE [/30   ]

CHAPITRE 11

Nom _____ Classe _____ Date _____

11 Vive les vacances!

■ DEUXIEME ETAPE

Maximum Score: 30/100

I. Listening

A. Listen to the following remarks. Decide whether the speaker is **a) reassuring** someone or **b) reminding** someone. (10 points)

1. _____   2. _____   3. _____   4. _____   5. _____

SCORE [   ]

II. Reading

B. Zack and his friends are at a café talking about their vacation plans. Read their conversation and answer the questions that follow. (10 points)

ZACK	Enfin la fin du semestre! Qu'est-ce que tu vas faire, Cédric?
CEDRIC	Je vais chez mes grands-parents en Australie. Ça va être super!
ZACK	Tu pars quand?
CEDRIC	Ben, moi, je pars lundi matin, mais ma famille part mercredi parce que ma sœur a une interro de chimie mardi.
ODILE	Ecoute, n'oublie pas d'acheter un cadeau pour tes grands-parents. Et prends beaucoup de photos!
CEDRIC	D'accord. Et toi, Odile, tu vas où?
ODILE	Je ne sais pas. Je voudrais bien aller à la montagne faire du camping, mais mon amie préfère aller au bord de la mer. Elle adore faire de la voile. Alors, on hésite.
CEDRIC	Ah oui, la voile, c'est chouette. Et toi, Emilie, tu vas toujours en colonie de vacances?
EMILIE	Oui, mais pas tout de suite. J'ai une interro vendredi. Mais dans deux semaines, Pascale et moi, nous allons partir en vacances. Tu sais, on va faire de l'équitation et on va faire un stage d'arts plastiques! J'adore! Qu'est-ce que tu fais, René?
RENE	Rien de spécial! Je dois travailler dans une colonie de vacances. Je veux gagner de l'argent pour acheter un ordinateur.
ZACK	Eh bien... Je dois partir maintenant. Bonne chance pour ton interro, Emilie. Et amuse-toi bien, Cédric. Achète-moi un souvenir!
CEDRIC	Bien sûr! Bonnes vacances!

Quiz 11-2B

_____ 1. Odile is . . .
    a. going camping.   **b.** going to summer camp.   **c.** not sure of her plans.

_____ 2. Cédric is leaving . . .
    a. Wednesday morning.   **b.** Monday morning.   **c.** Friday morning.

_____ 3. Zack wishes Emilie . . .
    a. a good trip.   **b.** good luck.   **c.** a good vacation.

_____ 4. Odile reminds Cédric to . . .
    a. buy his tickets.   **b.** buy a camera.   **c.** buy a gift.

_____ 5. René is going to . . .
    a. work at a summer camp.   **b.** summer camp.   **c.** sell computers.

SCORE _____

III. Writing

C. Your best friend is leaving on a trip to Paris. Write a note, reminding your friend of at least five essential travel items to take on the trip. Vary the expressions you use for reminding. (10 points)

_____

_____

_____

_____

_____

_____

_____

_____

_____

_____

_____

_____

_____

SCORE _____

TOTAL SCORE _____ /30

CHAPITRE 11

Vive les vacances!

 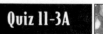
■ TROISIEME ETAPE

Grammar and Vocabulary

A. Circle the phrase that doesn't belong in each group. (5 points)

1. Tu as passé un bon été?
   Tu t'es bien amusé?
   Tu t'appelles comment?

2. Très chouette.
   C'était ennuyeux.
   C'était formidable!

3. Oh, c'était ennuyeux.
   C'était épouvantable.
   Oh, pas mauvais.

4. Oui, ça a été.
   Oui, c'était formidable!
   Oh, pas mauvais.

5. C'était épouvantable.
   C'était un véritable cauchemar.
   C'était très chouette.

SCORE [   ]

B. Write what your friends might say about their vacations, based on what they did. Choose from the expressions in the word box below. (10 points)

C'était formidable!   Oh, pas mauvais.   C'était un véritable cauchemar!

1. Karine aime faire de la planche à voile, et elle est allée au bord de la mer.

   _____

2. Marceline aime faire de la randonnée, mais elle préfère faire de la plongée. Elle est allée à la montagne.

   _____

3. Rémy déteste la plage, et il est allé au bord de la mer avec ses parents.

   _____

4. Jaishree adore la ville *(city)*, mais elle a passé l'été à la campagne avec ses amies.

   _____

5. Antoine adore faire du camping, et il est allé en forêt avec son père.

   _____

SCORE [   ]

Quiz 11-3A

C. Rearrange the events in Jean-Michel's day in a logical order. Use the letters **a-e.** Mark the first event with the letter **a** and so on. (5 points)

_____ 1. J'ai acheté des romans français et une chemise rouge en soie.

_____ 2. Finalement, nous avons dîné dans un restaurant chinois.

_____ 3. D'abord, j'ai lavé la voiture.

_____ 4. Après, Martin et moi, nous avons fait une promenade au parc.

_____ 5. Ensuite, j'ai téléphoné à Martin et nous sommes allés au centre commercial.

SCORE [＿＿＿]

D. Fill in the blanks with the correct **passé composé** form of the verb in parentheses. (10 points)

1. Cet été, Mehdi _____ (préparer) un voyage en Espagne.

2. Hier, Alex et moi, nous _____ (trouver) un cadeau pour maman.

3. Marie-Henriette et Laure _____ (parler) au téléphone hier soir.

4. Ce matin, je/j' _____ (prendre) un taxi pour aller au lycée.

5. Vous _____ (oublier) votre argent!

SCORE [＿＿＿]

TOTAL SCORE [＿＿＿ /30]

CHAPITRE 11

Vive les vacances!

Quiz 11-3B

Maximum Score: 30/100

■ TROISIEME ETAPE

I. Listening

A. Listen to the following speakers talk about their trips. Decide if they had **a) a good time, b) a fair time,** or **c) a bad time.** (10 points)

1. _____

2. _____

3. _____

4. _____

5. _____

SCORE _____

II. Reading

B. Karène is asking her friends about their summer vacations. Match their conversations with the pictures that illustrate their vacations. (10 points)

a.   b.   c.

d.   e.

1. _____ — Alors, Simone, tu as passé un bon été?
— Oui, c'était formidable! Je suis allée au bord de la mer avec ma famille. On a beaucoup joué sur la plage.

CHAPITRE 11

Quiz 11-3B

2. _____ — Alors, Eric, ça s'est bien passé, les vacances?
              — Oui, super! Je suis allé à Chamonix et j'ai fait beaucoup de ski. C'était chouette.

3. _____ — Et toi, Marie-Laure, qu'est-ce que tu as fait?
              — Je suis allée à la campagne pour rendre visite à mes grands-parents. C'était un peu barbant chez eux.

4. _____ — Tu es allé où, Marius?
              — Moi, je suis allé à la campagne faire du camping avec ma famille. Il a fait très beau.

5. _____ — Dis, Charles, tu as passé de bonnes vacances?
              — Oui, super. Je suis allé au bord de la mer et j'ai fait de la planche à voile.

SCORE [   ]

III. Writing

C. You've just returned from a long vacation. Using the illustrations, write a letter to your pen pal, telling where you went, what you did, and what you thought of your vacation. (10 points)

*Cher/Chère*_____,

_____

_____

_____

_____

_____

_____

_____

SCORE [   ]

TOTAL SCORE [/30]

Nom_____ Classe_____ Date_____

Vive les vacances!

I. Listening

Maximum Score: 30

A. Listen to these people talk about their vacation plans. Then choose the place where each person is planning to go. (10 points)

1. _____ Nathalie   **a.** the coast

2. _____ Bruno   **b.** the mountains

3. _____ Paul   **c.** Paris

4. _____ Emilie   **d.** the country

5. _____ Vincent   **e.** summer camp

SCORE [   ]

B. Listen as Stéphanie reminds her friend Eric what he needs to bring for his trip. For each item, indicate what she is reminding him to bring. (10 points)

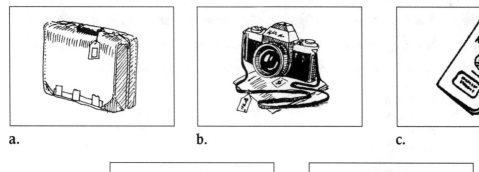

a.   b.   c.

   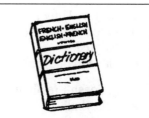

d.   e.

6. _____

7. _____

8. _____

9. _____

10. _____

SCORE [   ]

C. Listen as these friends talk about their summer vacations. Decide if each person's vacation was **a) great, b) OK,** or **c) not so great.** (10 points)

11. _____

12. _____

13. _____

14. _____

15. _____

SCORE ☐

II. Reading

Maximum Score: 30

D. Read Thuy's journal entry below. Then choose the correct completion for each of the sentences that follow. (10 points)

> *le 16 juillet*
> *Quelle journée! Il y a une semaine que je suis arrivée en colonie de vacances! J'ai déjà fait beaucoup de choses. Hier, nous sommes allés dans la forêt faire une randonnée. Il faisait très beau et j'adore la nature! Ce matin, nous avons fait de la peinture. Ça a été ; tu sais, je n'aime pas beaucoup les arts plastiques. Cet après-midi, nous avons joué au volley ; j'adore le volley. Demain, nous allons faire de la planche à voile. Chouette, hein? Voilà. J'aime beaucoup cette colonie de vacances, c'est formidable!*

16. _____ Thuy arrived at the **colonie de vacances** . . .
    a. yesterday.
    b. today.
    c. one week ago.

17. _____ Yesterday, Thuy . . .
    a. hiked in the forest.
    b. painted.
    c. played volleyball.

18. _____ Thuy doesn't really like . . .
    a. volleyball.
    b. windsurfing.
    c. painting.

19. _____ This afternoon, Thuy . . .
    a. windsurfed.
    b. played volleyball.
    c. hiked in the woods.

20. _____ Thuy thinks the summer camp is . . .
    a. great.
    b. OK.
    c. not so great.

SCORE ☐

CHAPITRE 11

E. You're planning a trip to France. Read the following ads. Then answer the questions to help you plan your trip. (10 points)

a.

La Maison Provençale

A 50 mètres de la plage

60 chambres toutes équipées avec
- Bain ou douche et W.-C.
- Téléphone direct
- Télévision couleur

Tél: **02.32.46.55.78**

d.

Pour trouver les meilleurs souvenirs de votre voyage

SOUVENIRS de PROVENCE

Cadeaux, stylos, tee-shirts, spécialités

02.32.09.23.45

b.

Tu as envie de voyager?
Ne t'en fais pas! Mémé a pensé à tout!

Mémé Vacances

Agence de voyages
Nous faisons tous les préparatifs pour tes vacances :
- passeports • billets d'avion • billets de train
Il ne te faut que tes valises!!

Informations : **02.34.47.78.22**

e.

COLONIE PROVENCE

Pour un été mémorable...

Activités nautiques :
- bateau
- plongée
- natation

Autres activités :
- camping en forêt
- randonnées en montagne

A 15 minutes d'Arles
Informations et réservations :
02.33.47.15.33

c.

La Lavande

cuisine authentique de Provence

spécialités de poisson

Réservations obligatoires
Ouvert tous les jours
02.33.44.12.31

Where would you . . .

21. _____ go to try some of the local cuisine?

22. _____ stay to be near the beach?

23. _____ go to buy train tickets to travel in France?

24. _____ go if you like sailing and hiking?

25. _____ go to buy gifts?

SCORE [   ]

CHAPITRE 11

Chapter Test

F. Judging from their letters, how do you think these people would describe their vacations? Match each letter with the appropriate remark. (10 points)

a. C'était formidable! b. Ça a été. c. C'était épouvantable.

26. _____ Salut, Nadine!
Je n'aime pas cette colonie de vacances. Il pleut tous les jours et je n'aime pas les animateurs. Ecris-moi vite!

27. _____ Cher Gérard,
Ça va? Moi, ça va très bien. Je suis en vacances avec ma famille en Italie. C'est super!

28. _____ Chère Maribel,
Salut! Qu'est-ce que tu fais cet été? Moi, je lis beaucoup et je garde ma petite sœur. Elle est parfois pénible, mais elle est très mignonne. Enfin, je vais bien. Ecris-moi!

29. _____ Salut, Mohamed,
Je fais de la planche à voile tous les jours et j'ai rencontré une fille super sympa. J'adore la Martinique! Je ne veux pas revenir en France! Et toi, ça va?

30. _____ Cher David,
Salut! Tu vas bien? Je rends visite à ma grand-mère et c'est barbant! Il n'y a rien à faire! Je regarde la télé ou je dors. J'attends l'école avec impatience! Tchao.

SCORE _____

III. Culture

Maximum Score: 10

G. An American tourist, traveling in France in July, came to a small store with a sign that read **Fermeture annuelle.** A passerby told him it would be open next month. The tourist was surprised. Why? (10 points)

_____

_____

_____

_____

_____

_____

SCORE _____

IV. Writing

Maximum Score: 30

H. You've just won first prize in a contest—an airline ticket to any place in the world. In French, list five places you would like to go to and tell what you would do in each place. (10 points)

1. _____
   _____

2. _____
   _____

3. _____
   _____

4. _____
   _____

5. _____
   _____

SCORE [   ]

I. You just got back from a vacation on the coast. Write about your vacation, telling with whom you went, what you did, and how it was. You should write at least six sentences. (10 points)

_____

_____

_____

_____

_____

_____

_____

_____

_____

_____

_____

SCORE [   ]

Chapter Test

J. You're just leaving for the airport to go on a month-long vacation to France. Write a conversation in which your mother reminds you about three different travel items. Tell her not to worry, and reassure her that you haven't forgotten anything. (10 points)

_____

_____

_____

_____

_____

_____

_____

_____

_____

_____

_____

_____

_____

SCORE _____

TOTAL SCORE _____ /100

Circle the letter that matches the most appropriate response.

I. Listening

Maximum Score: 30

A. (10 points)

1. a   b   c   d   e
2. a   b   c   d   e
3. a   b   c   d   e
4. a   b   c   d   e
5. a   b   c   d   e

SCORE [   ]

B. (10 points)

6. a   b   c   d   e
7. a   b   c   d   e
8. a   b   c   d   e
9. a   b   c   d   e
10. a   b   c   d   e

SCORE [   ]

C. (10 points)

11. a   b   c
12. a   b   c
13. a   b   c
14. a   b   c
15. a   b   c

SCORE [   ]

II. Reading

Maximum Score: 30

D. (10 points)

16. a   b   c
17. a   b   c
18. a   b   c
19. a   b   c
20. a   b   c

SCORE [   ]

E. (10 points)

21. a   b   c   d   e
22. a   b   c   d   e
23. a   b   c   d   e
24. a   b   c   d   e
25. a   b   c   d   e

SCORE [   ]

F. (10 points)

26. a   b   c
27. a   b   c
28. a   b   c
29. a   b   c
30. a   b   c

SCORE [   ]

III. Culture

Maximum Score: 10

G. (10 points)

_____

_____

_____

_____

_____

SCORE [   ]

IV. Writing

Maximum Score: 30

H. (10 points)

1. _____
2. _____
3. _____
4. _____
5. _____

SCORE [   ]

I. (10 points)

_____
_____
_____
_____
_____
_____
_____

SCORE [   ]

J. (10 points)

_____
_____
_____
_____
_____
_____
_____
_____
_____
_____
_____

SCORE [   ]

TOTAL SCORE [/100]

Listening Scripts for Quizzes • Chapitre 11

Quiz 11-1B Première étape

I. Listening

MAXIME   Salut, Ariane. Qu'est-ce que tu vas faire pendant tes vacances?

ARIANE   En juillet, j'ai l'intention d'aller à la Martinique faire de la voile, et en août, je vais travailler. Et toi, Maxime?

MAXIME   Moi, je n'en sais rien. Je n'ai rien de prévu. Bonjour Sabine, bonjour Chloé, qu'est-ce que vous allez faire cet été?

SABINE   Chloé voudrait bien faire de l'équitation et moi, j'ai envie de faire de la planche à voile, mais nous hésitons encore. Et toi, Geoffrey?

GEOFFREY   Moi, je vais en Allemagne chez mon oncle et ma tante.

Quiz 11-2B Deuxième étape

I. Listening

1. — Anne, il y a du soleil à la Martinique. N'oublie pas tes lunettes. Bonnes vacances!
2. — J'ai mon chapeau, mon manteau... Ne t'en fais pas, Yvette. Je n'ai rien oublié.
3. — Tu ne peux pas partir sans ton passeport! Tiens, le voilà. Bonne chance!
4. — Pierre, tu n'as rien oublié? Les billets d'avion ne sont pas dans la valise.
5. — L'argent, les cadeaux pour la famille, l'appareil-photo... Oui, j'ai pensé à tout! Je pars, alors. Au revoir tout le monde!

Quiz 11-3B Troisième étape

I. Listening

1. — C'était formidable, mes vacances au Portugal, planche à voile et plongée tous les jours!
2. — Je suis allé en Provence. Mes cousins et moi, on a fait du camping. C'était chouette.
3. — Oh, c'était pas mauvais, les vacances. Nous sommes allés à la campagne.
4. — Epouvantable! Ce voyage au Maroc était un véritable cauchemar.
5. — Les vacances? Oui, ça a été. Je me suis un peu amusée et j'ai travaillé, alors, maintenant j'ai beaucoup d'argent!

Allez, viens! Level 1, Chapter 11   Testing Program   **295**

CHAPITRE 11

ANSWERS Quiz 11-1A

A. (6 points: 2 points per item)
1. faire du ski à la montagne / aller à la montagne pour faire du ski
2. faire de la plongée au bord de la mer / aller au bord de la mer pour faire de la plongée.
3. faire de l'équitation et jouer au volley en colonie de vacances / aller en colonie de vacances pour faire de l'équitation et jouer au volley

B. (8 points: 2 points per item)
1. Michelle va faire de la voile.
2. Martin et moi, nous allons aller à la campagne.
3. Loïc et Stéphane vont aller en forêt.
4. Tu vas aller chez ta grand-mère.

C. (14 points: 1 point per item)

1. aux	8. en
2. à	9. à
3. au	10. en
4. au	11. en
5. au	12. au
6. au	13. en
7. en	14. à

D. (12 points: 2 points per item)
1. Où est-ce que tu vas aller
2. j'ai envie d'
3. faire de la planche à voile
4. Qu'est-ce que tu vas faire
5. faire du camping
6. (faire) de la randonnée

ANSWERS Quiz 11-1B

I. Listening (10 points: 2 points per item)
A.
1. a
2. b
3. b
4. b
5. a

II. Reading (10 points: 2 points per item)
B.
1. b
2. a
3. b
4. b
5. a

III. Culture (10 points: 2 points per item)
C.
1. b
2. a
3. a
4. b
5. b

IV. Writing (10 points)
D. Answers will vary. Possible answer:

LOUIS Où est-ce tu vas aller pendant les vacances d'été?

ELISE Je vais aller en Angleterre pour voir mes grands-parents. Ils habitent à la campagne. C'est super! Je vais faire de l'équitation et manger beaucoup. Et toi?

LOUIS Je n'ai rien de prévu. Je voudrais bien aller en fôret, mais j'ai aussi envie de faire de la voile. Alors, j'hésite.

ANSWERS Quiz 11-2A

A. (7 points: 1 point per item)
1. un billet d'avion
2. un parapluie
3. une valise
4. un billet de train
5. un appareil-photo
6. un passeport
7. un cadeau

B. (8 points: 1 point per item)
1. partent
2. part
3. sort
4. sortons
5. sortent
6. dorment
7. dors
8. dort

C. (10 points: 2 points per item)
1. N'oublie pas
2. Tu n'as pas oublié
3. ne t'en fais pas
4. Bonnes vacances
5. Amuse-toi bien

D. (5 points: 1 point per item)
1. Dors
2. Faites
3. Pars
4. Prenez
5. Sors

ANSWERS Quiz 11-2B

I. Listening (10 points: 2 points per item)
- **A.** 1. b
- 2. a
- 3. b
- 4. b
- 5. a

II. Reading (10 points: 2 points per item)
- **B.** 1. c
- 2. b
- 3. b
- 4. c
- 5. a

III. Writing (10 points)
- **C.** Answers will vary. Possible answer:
  Luke,
  Tu vas à Paris! N'oublie pas ton passeport. Prends aussi ton appareil-photo, ton pull et ton parapluie, et ne pars pas sans ton billet. Amuse-toi bien! Bon voyage!

ANSWERS Quiz 11-3A

A. (5 points: 1 point per item)
1. Tu t'appelles comment?
2. C'était ennuyeux.
3. Oh, pas mauvais.
4. Oui, c'était formidable!
5. C'était très chouette.

B. (10 points: 2 points per item)
1. C'était formidable!
2. Oh, pas mauvais.
3. C'était un véritable cauchemar!
4. C'était un véritable cauchemar!
5. C'était formidable!

C. (5 points: 1 point per item)
1. c
2. e
3. a
4. d
5. b

D. (10 points: 2 points per item)
1. a préparé
2. avons trouvé
3. ont parlé
4. ai pris
5. avez oublié

ANSWERS Quiz 11-3B

I. Listening (10 points: 2 points per item)

  A. 1. a
      2. a
      3. b
      4. c
      5. b

II. Reading (10 points: 2 points per item)

  B. 1. b
      2. e
      3. a
      4. d
      5. c

III. Writing (10 points)

  C. Answers will vary. Possible answer:
Cher Lucien,
    Cet été, je suis allé(e) à la montagne.
C'était super! On a fait du camping
dans la forêt. On a aussi fait de la
randonnée. J'ai fait des photos pour
toi! C'était formidable. A bientôt!

Scripts for Chapter Test • Chapitre 11

I. Listening

A. 1. — Bonjour, Nathalie. Qu'est-ce que tu vas faire pendant les vacances?
— Je ne sais pas encore, mais je pense aller au bord de la mer faire du bateau.
2. — Alors, Bruno, qu'est-ce que tu vas faire cet été?
— Je vais aller à Paris avec mes grands-parents.
3. — Bonjour, Paul. Où est-ce que tu vas aller en vacances?
— Je ne sais pas, mais j'aimerais bien aller en colonie de vacances avec mes copains.
4. — Alors, Emilie, qu'est-ce que tu vas faire pendant les vacances?
— Je pense aller à la montagne faire de la randonnée.
5. — Bonjour, Vincent. Tu vas où pendant les vacances?
— Oh, c'est barbant. Je vais à la campagne avec mes cousins.

B. 6. N'oublie pas ton appareil-photo!
7. Tu ne peux pas partir sans ta valise!
8. Tu n'as pas oublié ton argent?
9. Tu prends ton dictionnaire, non?
10. Tu as ton passeport, Eric?

C. 11. Quel voyage super à Paris! D'abord, on est allé au Louvre et puis, on est allé voir la tour Eiffel. C'était formidable!
12. Moi, j'ai travaillé tout l'été. C'était épouvantable!
13. Je suis allé voir mes grands-parents. J'ai lu et je me suis promené à la campagne. C'était pas mal.
14. Moi, je suis allée à Londres avec ma famille. J'ai perdu mon passeport et mon argent. C'était un véritable cauchemar.
15. Quel été formidable! J'ai fait de la plongée et de la planche à voile. Il a fait super beau!

I. Listening   Maximum Score: 30 points

A. (10 points: 2 points per item)   **B.** (10 points: 2 points per item)   **C.** (10 points: 2 points per item)

1. a	6. b	11. a
2. c	7. a	12. c
3. e	8. d	13. b
4. b	9. e	14. c
5. d	10. c	15. a

II. Reading   Maximum Score: 30 points

D. (10 points: 2 points per item)   **E.** (10 points: 2 points per item)   **F.** (10 points: 2 points per item)

16. c	21. c	26. c
17. a	22. a	27. a
18. c	23. b	28. b
19. b	24. e	29. a
20. a	25. d	30. c

III. Culture   Maximum Score: 10 points

G. Answers will vary. Possible answer: (10 points)
The tourist was surprised because stores in the United States do not usually close for a month. The store was closed for summer vacation since French employees are usually given five weeks of vacation every year.

IV. Writing   Maximum Score: 30 points

H. (10 points)
Answers will vary. Possible answers:
Paris — visiter la tour Eiffel
Martinique — faire du bateau
les Alpes — faire du ski
Californie — faire les magasins
Colorado — faire du camping

I. (10 points)
Answers will vary. Possible answer:
   En juillet, je suis allé(e) au bord de la mer avec ma famille. On a fait du bateau et de la planche à voile. On a aussi fait du ski nautique. Il a fait très beau. J'adore la plage! J'ai acheté beaucoup de souvenirs pour mes amis. C'était super!

J. (10 points)
Answers will vary. Possible answer:
MOTHER   Tu n'as pas oublié ton passeport?
   YOU   Non, ne t'en fais pas, maman.
MOTHER   N'oublie pas ton billet d'avion!
   YOU   Je n'ai rien oublié.
MOTHER   Tu prends ton manteau?
   YOU   Oui, maman. J'ai pensé à tout.

En ville

Quiz 12-1A

Maximum Score: 35/100

■ PREMIERE ETAPE

Grammar and Vocabulary

A. Your friend needs to do the following errands. Write the name of the place where he or she needs to go. (12 points)

1. acheter un CD d'Alain Chamfort   _____

2. acheter un gâteau au chocolat   _____

3. acheter un kilo de tomates   _____

4. acheter une baguette   _____

5. acheter des médicaments   _____

6. acheter des enveloppes   _____

SCORE [   ]

B. Write two errands that you can do in each of these places. (12 points)

1. BIBLIOTHEQUE   _____

  _____

2. POSTE   _____

  _____

3. BANQUE   _____

  _____

SCORE [   ]

Quiz 12-1A

C. Your friend is showing you pictures of his new house. Complete your conversation with the appropriate expressions. (4 points)

— Tu veux voir des photos de ma maison?

— Oui, bien sûr!

— Alors, **(1)** _____ ma chambre, et **(2)** _____
                     (here is)   *(there, that is)*

la salle de bains. **(3)** _____ ma pièce *(room)* préférée, la salle à
                              (Look, there is)

manger. Et **(4)** _____ , c'est la salle de séjour.
                      (there, you see)

SCORE [   ]

D. Your pen pal, Mireille Lechaton, wrote to you about her weekend plans. Parts of her letter are not legible. Fill in the blanks with **au, à la, à l'**, or **aux**. (7 points)

Demain, je vais aller **(1)** _____ banque, et après, je vais

rencontrer Armand **(2)** _____ café. Nous avons décidé

d'aller **(3)** _____ magasins. Nous allons acheter des

vêtements. Demain soir, je vais aller **(4)** _____ bibliothèque

pour rencontrer Bruno.

Dimanche, Charles va dîner chez moi. Je vais préparer une tarte. Alors, le matin,

je dois aller **(5)** _____ supermarché pour acheter des œufs

et des fraises. Tu sais, Charles va passer cet été **(6)** _____

Etats-Unis chez son oncle Jim. Il part lundi matin, donc, dimanche, il va passer la nuit

(7) _____ hôtel Bonaparte.

SCORE [   ]

TOTAL SCORE [   ] /35

12 En ville

Quiz 12-1B

■ PREMIÈRE ÉTAPE

Maximum Score: 35/100

I. Listening

A. Listen to the following conversations to find out where each of these people is going. Then decide what they are most likely to find in the stores mentioned. (10 points)

1. _____   **a.** des cassettes

2. _____   **b.** des livres

3. _____   **c.** des pêches et des pommes

4. _____   **d.** des médicaments

5. _____   **e.** des lettres et des timbres

SCORE [   ]

II. Reading

B. Thérèse and her sister need to run several errands tomorrow. Read their list. Then reorder the pictures below to match the order in which they plan to do their errands. (10 points)

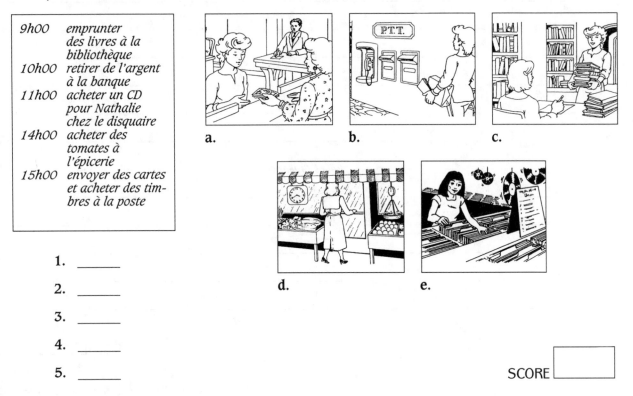

9h00	emprunter des livres à la bibliothèque
10h00	retirer de l'argent à la banque
11h00	acheter un CD pour Nathalie chez le disquaire
14h00	acheter des tomates à l'épicerie
15h00	envoyer des cartes et acheter des timbres à la poste

a.   b.   c.

d.   e.

1. _____

2. _____

3. _____

4. _____

5. _____

SCORE [   ]

Quiz 12-1B

III. Culture

C. Read the following statements about store hours in francophone countries. Then decide if each statement is **a) true** or **b) false.** (5 points)

1. _____ Most stores in Martinique stay open 24 hours a day.

2. _____ Most small businesses are closed between 12:30 and 3:30 P.M.

3. _____ Small businesses remain open until 10 P.M. during the week.

4. _____ By law, stores must close one day a week.

5. _____ Businesses usually stay open late on Sunday and close on Monday.

SCORE _____

IV. Writing

D. Your pen pal, Alain, is visiting for the summer and you are showing him around town. Point out the bakery, the bookstore, the pastry shop, the stationery store, and the drug store as you pass them, and tell what you can do at each place. (10 points)

_____

_____

_____

_____

_____

_____

_____

_____

_____

_____

_____

_____

_____

SCORE _____

TOTAL SCORE _____ /35

12 En ville

Quiz 12-2A

■ DEUXIEME ETAPE

Maximum Score: 30/100

Grammar and Vocabulary

A. Write, in French, how you would travel, if you used the following modes of transportation. (10 points)

1. _____

2. _____

3. _____

4. _____

5. _____

SCORE ☐

B. Marcel is asking his sister if she can run some errands for him in town. Rearrange their conversation in a logical order by numbering the lines from 1−5. (5 points)

_____ — Oui, tu pourrais passer à la bibliothèque?

_____ — Tu peux aller à la poste?

_____ — D'accord. Moi aussi, j'ai besoin de timbres.

_____ — Marcel, je vais en ville. Il te faut quelque chose?

_____ — Si tu veux.

SCORE ☐

Quiz 12-2A

C. Rewrite these sentences using the pronoun **y**. (10 points)

1. Antoine va aller à la bibliothèque pour emprunter un livre.

    _____

2. Je suis allé à la banque pour déposer un chèque.

    _____

3. Mireille achète du beurre à l'épicerie.

    _____

4. Thierry et Nicolas n'aiment pas aller au stade.

    _____

5. Hier, nous avons rencontré Michel au marché.

    _____

6. Tu ne vas pas à la pharmacie aujourd'hui?

    _____

7. Vous allez acheter des timbres à la poste.

    _____

8. Elles ont acheté leurs livres à la librairie hier.

    _____

9. On joue au parc très souvent.

    _____

10. Je vais passer à la boulangerie pour acheter du pain.

    _____

SCORE [   ]

D. Your mother made a list of things for you to do today. Fill in the blanks with the appropriate form: **de l'**, **de la**, **du**, **des**, or **de.** (5 points)

D'abord, va à la banque pour retirer **(1)** _____ argent. Après, va à la librairie et

achète **(2)** _____ enveloppes. Passe à la poste, parce que nous n'avons plus

(3) _____ timbres. Puis, passe à l'épicerie de M. Lafarge et achète

(4) _____ jambon et **(5)** _____ confiture.

SCORE [   ]

TOTAL SCORE [/30]

CHAPITRE

12 En ville

Quiz 12-2B

■ DEUXIEME ETAPE

Maximum Score: 30/100

I. Listening

A. Listen to the following conversations. For each one, choose the illustration that shows how the people are going to get to their destination. (10 points)

1. _____

2. _____

3. _____

4. _____

5. _____

a.

b.

c.

d.

e.

f.

SCORE [   ]

II. Reading

B. Corinne is asking Tranh for a favor. Read their conversation and decide whether the statements that follow are **a) true** or **b) false.** (10 points)

CORINNE	Salut, Tranh. Tu vas en ville?
TRANH	Oui, je vais au cinéma avec Stéphane.
CORINNE	Tu pourrais passer à la papeterie? Il me faut un cahier pour mon cours d'histoire.
TRANH	D'accord. Au revoir, Corinne.
CORINNE	Attends! Est-ce que tu peux aussi aller à la boulangerie? J'ai besoin de pain.
TRANH	Tu sais, Corinne, le film commence à cinq heures!
CORINNE	S'il te plaît...
TRANH	D'accord. La papeterie et la boulangerie, et c'est tout!
CORINNE	Dis Tranh, puisque tu vas en ville, tu peux me rapporter des timbres?
TRANH	Corinne!
CORINNE	Bon, bon. Je vais aller à la poste demain. Au revoir, Tranh. Merci!

Quiz 12-2B

1. _____ Corinne asks Tranh to run her errands so she can see a movie in town.

2. _____ Corinne asks Tranh to go to the pastry shop.

3. _____ Tranh agrees to get a notebook for Corinne.

4. _____ Tranh agrees only to go to the stationery store.

5. _____ Tranh agrees to buy Corinne some stamps.

SCORE [____]

III. Writing

C. You need to go to the library and the grocery store today. Ask two of your friends for help by writing each of them a note, telling what errand you'd like them to do at each place. Be sure to thank your friends. (10 points)

1.

2.

SCORE [____]

TOTAL SCORE [____] /30

En ville

■ TROISIEME ETAPE

Grammar and Vocabulary

A. Complete the conversation between Bertrand and a tourist, using the cues provided. (10 points)

— **(1)** _____ , monsieur.
(Excuse me)

(2) _____ la pharmacie,
(I'm looking for)

(3) _____ ?
(please)

— Oui, alors, **(4)** _____ lycée.
(you go straight ahead until you get to)

(5) _____ côté.
(It's right there on the)

SCORE _____

B. Boris and Zoé are telling a friend different ways to get to the park. Complete their conversation. Be sure to use the **tu** form of the verb. (10 points)

— D'ici, **(1)** _____ jusqu'au prochain feu rouge. Là,
(you keep going)

(2) _____ à gauche et voilà le parc.
(you turn)

— Mais non! **(3)** _____ Victor Hugo, **(4)** _____
(Take . . . street)   *(then cross)*

le boulevard Ste-Croix. **(5)** _____ la boulangerie, et le parc
(You'll pass)

est juste en face.

SCORE _____

C. Bertrand is talking about the layout of his hometown. Fill in the blanks with the appropriate form: **des, du, de la,** or **de l'**. (5 points)

Au centre de la ville, il y a un grand parc. Au nord **(1)** _____ parc, il y a un

bureau de poste. A côté **(2)** _____ poste, il y a un supermarché. A gauche

(3) _____ supermarché, il y a une école maternelle. En face **(4)** _____ école,

il y a beaucoup de maisons. Pas loin **(5)** _____ maisons commence la campagne.

SCORE _____

Quiz 12-3A

D. Based on the map of your pen pal's hometown, fill in the blanks with the appropriate preposition from the box below. Use a different preposition each time. (10 points)

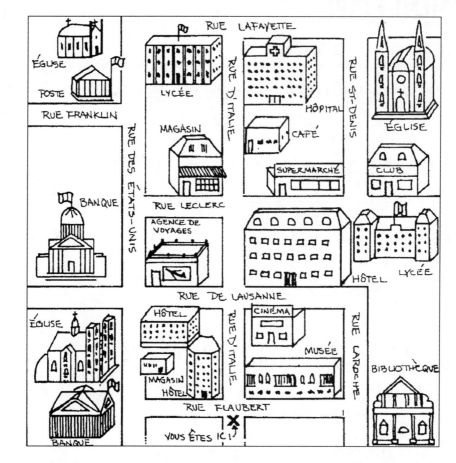

loin	devant	entre	au coin	derrière
à côté de	à gauche de	à droite de	près	

1. L'agence de voyages est _____ du supermarché.

2. Le cinéma est _____ le musée.

3. La poste est _____ de la bibliothèque.

4. Le club est _____ l'église qui se trouve dans la rue Saint-Denis.

5. Le café est _____ le supermarché et l'hôpital.

SCORE [_____]

TOTAL SCORE [_____] /35

CHAPITRE **12**

En ville

■ TROISIEME ETAPE

Maximum Score: 35/100

I. Listening

A. Listen to the following conversations, and then match each place with its correct location. (10 points)

1. _____ la pharmacie
2. _____ la bibliothèque
3. _____ la poste
4. _____ la pâtisserie
5. _____ le stade

a. near the post office

b. in front of the park

c. next to the bookstore

d. behind the bank

e. far from the pastry shop

f. across from the café

SCORE [   ]

II. Reading

B. Look at the map and find your starting point, labeled **Vous êtes ici.** Then read the directions on the next page and decide where they will lead you. (10 points)

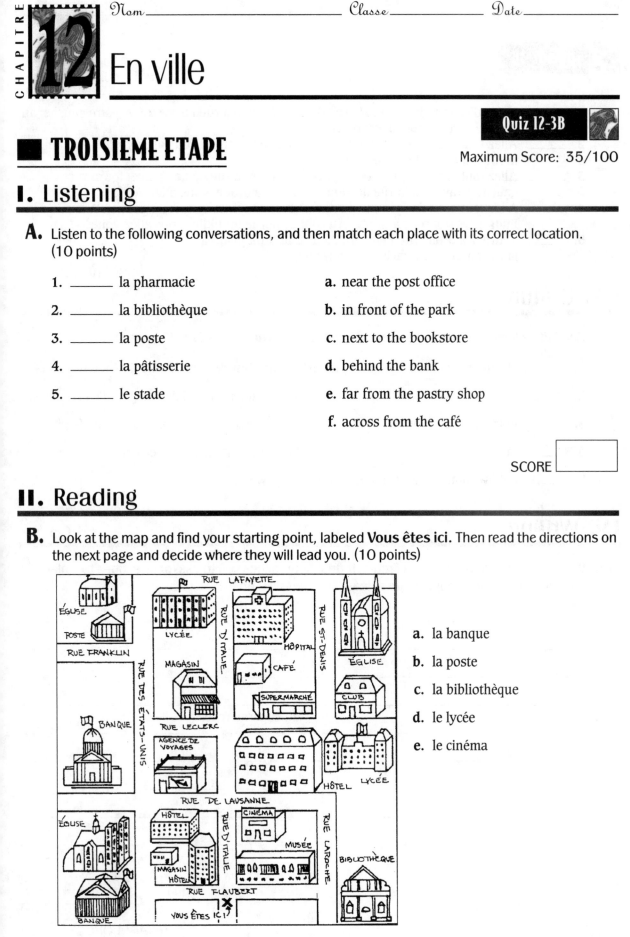

a. la banque

b. la poste

c. la bibliothèque

d. le lycée

e. le cinéma

Quiz 12-3B

1. _____ Vous allez tout droit dans la rue d'Italie jusqu'à la rue Lafayette. A votre gauche, au coin de la rue, vous allez voir...

2. _____ Allez tout droit dans la rue d'Italie. Derrière le musée, vous allez voir... , au coin de la rue d'Italie et de la rue de Lausanne.

3. _____ Allez tout droit jusqu'à la rue de Lausanne. A la rue de Lausanne, tournez à gauche. Traversez la rue des Etats-Unis et, à droite, vous allez voir...

4. _____ Allez tout droit dans la rue d'Italie. A la rue Leclerc, tournez à gauche. A la rue des Etats-Unis, tournez à droite. Au coin de la rue Franklin, vous allez voir...

5. _____ Tournez à droite rue Flaubert. Allez tout droit jusqu'à la rue Laroche. En face, vous allez voir...

SCORE [   ]

III. Culture

C. Read the following statements. Decide if they are **a) true** or **b) false.** (5 points)

1. _____ Martinique is the only **DOM (département d'outre-mer)** that exists today.

2. _____ Citizens of Martinique have the same rights and responsibilities as other French citizens.

3. _____ In francophone countries, there are no areas where pedestrians can stroll freely.

4. _____ In many French towns, intersections have a traffic circle in the center.

5. _____ Public squares are uncommon in French towns.

SCORE [   ]

IV. Writing

D. Write a conversation in which a French tourist approaches you to ask for directions to a place in your hometown. You should write at least five lines. (10 points)

_____

_____

_____

_____

_____

_____

_____

_____

_____

SCORE [   ]

TOTAL SCORE [   ] /35

En ville

Chapter Test

I. Listening

Maximum Score: 30

A. Listen to these remarks and decide if the speakers are going to **a) the correct place to buy the items** or **b) the wrong location.** (10 points)

1. _____

2. _____

3. _____

4. _____

5. _____

SCORE [   ]

B. Listen to the following statements about the location of certain places on the map below. Decide whether each statement is **a) true** or **b) false.** (10 points)

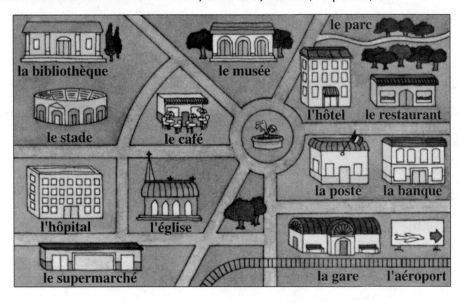

la bibliothèque le musée le parc l'hôtel le restaurant le stade le café la poste la banque l'hôpital l'église le supermarché la gare l'aéroport

6. _____

7. _____

8. _____

9. _____

10. _____

SCORE [   ]

CHAPITRE 12

Chapter Test

C. Listen to the following conversations. Decide if the speakers **a) accept** or **b) refuse** to do what is asked of them. (10 points)

11. _____

12. _____

13. _____

14. _____

15. _____

SCORE [   ]

II. Reading

Maximum Score: 30

D. Read this letter Marie-Claire wrote to her friend, Yvette. Then decide whether the statements that follow are **a) true** or **b) false.** (10 points)

Chère Yvette,

Comment ça va? Hier, j'ai passé la journée en ville. Le matin, je suis allée à la pharmacie pour acheter de l'aspirine pour maman. Ensuite, je suis allée à la bibliothèque pour emprunter un livre sur la littérature anglaise parce que j'ai un examen vendredi. Puis, j'ai décidé d'acheter le dernier CD de Vanessa Paradis pour mon amie Claudine. Claudine est très sympa, tu sais! Après, je suis allée à la papeterie pour acheter des enveloppes. Finalement, j'ai rencontré Christine et nous sommes allées au cinéma voir le nouveau film d'Arnold Schwarzenegger. J'adore les films d'action! Ecris-moi vite pour me donner de tes nouvelles.

Marie-Claire

16. _____ Yesterday morning, Marie-Claire had a headache.

17. _____ Marie-Claire went to the library to get a book she needed.

18. _____ Marie-Claire bought a new CD for herself.

19. _____ Marie-Claire went to the post office before the movie.

20. _____ Marie-Claire saw a new action film with her friend Christine.

SCORE [   ]

E. Read about the different ways in which tourists can get around in Martinique. Then choose the best completions for each statement below. (10 points)

Comment se déplacer à la Martinique?
Pour le touriste, il existe plusieurs façons de se déplacer.

▶ **En taxi :** La Martinique a beaucoup de taxis modernes! Vous pouvez en trouver à l'aéroport Lamentin, en ville et aux grands hôtels de Fort-de-France.

▶ **En bus :** Les bus vont dans toutes les villes de la Martinique. Vous pouvez aller à la plage, au marché, partout en compagnie des Martiniquais.

▶ **En voiture :** Il faut un permis de conduire pour louer une voiture à la Martinique. Vous pouvez trouver des agences de location de voitures à l'aéroport Lamentin seulement.

▶ **A vélo :** Les vélos et les motocyclettes sont très utiles à la Martinique. Vous pouvez en louer à Fort-de-France et à Sainte-Anne.

▶ **En bateau :** La Martinique est entourée par la mer. Vous pouvez admirer les belles plages en bateau. Vous pouvez aussi visiter d'autres îles comme Marie-Galante et St-Martin.

☆ ☆ ☆ ☆ ☆

    a. all the major towns on the island.

    b. the beaches.

    c. the airport and major hotels.

    d. Fort-de-France and Sainte-Anne.

    e. at the airport.

21. _____ You can find taxis at . . .

22. _____ Buses go to . . .

23. _____ You can rent a car . . .

24. _____ You can rent bikes in . . .

25. _____ Boats help tourists to admire . . .

SCORE [   ]

Chapter Test

F. You need to get to the places listed below the map. Using the map, match the directions with your destinations. (10 points)

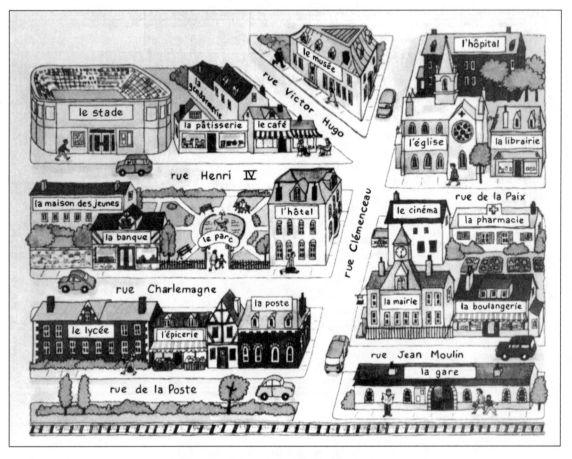

a. la poste   **b.** la librairie   **c.** le café   **d.** le musée   **e.** le parc

26. _____ C'est dans la rue de la Paix, en face de la pharmacie.

27. _____ Sortez de la gare et tournez à droite rue Clémenceau. Allez tout droit et puis, c'est à votre gauche, en face de l'hôpital.

28. _____ Oh, c'est très facile. Il se trouve dans la rue Charlemagne, entre la banque et l'hôtel.

29. _____ Du lycée, tournez à gauche dans la rue de la Poste, puis allez tout droit jusqu'à la rue Clémenceau. A la rue Clémenceau, tournez à gauche et continuez tout droit jusqu'à la rue Henri IV. C'est au coin de la rue, à côté de la pâtisserie.

30. _____ Elle est au coin de la rue de la Poste et de la rue Clémenceau, près de l'épicerie.

SCORE [ ]

III. Culture
Maximum Score: 10

G. Answer the following question in English. (10 points)

Imagine that you're in Martinique. You find that it takes you more time to finish everything you want to accomplish than it would in the United States. What about Martinican culture might explain this?

_____

_____

_____

_____

_____

_____

_____

SCORE ☐

IV. Writing
Maximum Score: 30

H. You're going to town to run some errands. You need to go to the bank, the post office, and one other place. Write a note to your French host mother telling her where you're going and two things you need to do at each place. (9 points)

_____

_____

_____

_____

_____

_____

_____

_____

_____

_____

SCORE ☐

Chapter Test

I. Read the note your friend Etienne sent you. Write a reply refusing his request politely, and giving reasons why. (10 points)

> Salut!
> Dis, qu'est-ce que tu vas faire après l'école? Tu peux m'aider? Tu peux passer chez le disquaire? Je voudrais acheter un disque compact de MC Solaar, mais je dois garder ma sœur cet après-midi. Merci!
>
> Etienne

_____

_____

_____

_____

_____

_____

_____

SCORE [   ]

J. You're inviting Serge, the French exchange student, to go out with you and your friends after school. Write a note inviting him to go with you. Tell when and where you're going to meet and give him directions on how to get there. (11 points)

_____

_____

_____

_____

_____

_____

_____

_____

_____

SCORE [   ]

TOTAL SCORE [   ] /100

Circle the letter that matches the most appropriate response.

I. Listening

Maximum Score: 30

A. (10 points)

1. a b
2. a b
3. a b
4. a b
5. a b

SCORE [   ]

B. (10 points)

6. a b
7. a b
8. a b
9. a b
10. a b

SCORE [   ]

C. (10 points)

11. a b
12. a b
13. a b
14. a b
15. a b

SCORE [   ]

II. Reading

Maximum Score: 30

D. (10 points)

16. a b
17. a b
18. a b
19. a b
20. a b

SCORE [   ]

E. (10 points)

21. a b c d e
22. a b c d e
23. a b c d e
24. a b c d e
25. a b c d e

SCORE [   ]

F. (10 points)

26. a b c d e
27. a b c d e
28. a b c d e
29. a b c d e
30. a b c d e

SCORE [   ]

III. Culture

Maximum Score: 10

G. (10 points)

_____

_____

_____

_____

_____

SCORE [   ]

IV. Writing

Maximum Score: 30

H. (9 points)

_____

_____

_____

_____

_____

SCORE [ ]

I. (10 points)

_____

_____

_____

_____

_____

_____

_____

SCORE [ ]

J. (11 points)

_____

_____

_____

_____

_____

_____

_____

_____

SCORE [ ]

TOTAL SCORE [/100]

Listening Scripts for Quizzes • Chapitre 12

Quiz 12-1B Première étape

I. Listening

1. — Salut, Mireille. Je vais en ville. Tu viens avec moi?
   — D'accord. Je veux bien. Tu vas où?
   — A la poste.
2. — Bonjour, monsieur. Je cherche une pharmacie.
   — Regardez, il y en a une là-bas.
3. — Marc, tu vas faire des courses? Tu peux passer au marché?
   — Tu as besoin de quoi?
4. — Agnès, tu veux venir avec moi en ville?
   — Ben... je dois étudier.
   — Allez, viens, je vais chez le disquaire. Ça va être chouette.
5. — Je vais d'abord à la librairie.
   — Qu'est-ce que tu vas acheter?

Quiz 12-2B Deuxième étape

I. Listening

1. — Il faut rendre tous ces livres à la bibliothèque? Comment est-ce qu'on y va?
   — On peut prendre les vélos. C'est plus pratique.
2. — Ma mère va passer à la banque. On peut y aller avec elle dans sa nouvelle voiture.
   — Cool!
3. — Cet après-midi, nous allons à la plage. Tu viens?
   — Oui, mais on y va comment?
   — A pied, bien sûr!
4. — Je voudrais visiter la ville et voir le marché. Tu viens avec moi?
   — Oui, prenons le bus!
5. — Ce week-end, Anne et Alice partent à la campagne.
   — Ah oui? Elles y vont comment?
   — En train. C'est sympa, non?

Quiz 12-3B Troisième étape

I. Listening

1. — Pardon, madame. Je cherche une pharmacie.
   — Il y en a une derrière la banque.
2. — Pardon, monsieur. Où est la bibliothèque, s'il vous plaît?
   — Vous tournez à droite et c'est en face du café.
3. — Bonjour. La poste, s'il vous plaît?
   — C'est tout de suite à gauche, à côté de la librairie.
4. — Je cherche une pâtisserie, s'il vous plaît.
   — Il y en a une près de la poste.
5. — Pardon, monsieur. Je cherche le stade.
   — Allez tout droit, c'est devant le parc.

ANSWERS Quiz 12-1A

A. (12 points: 2 points per item)
1. le disquaire
2. la pâtisserie
3. l'épicerie
4. la boulangerie
5. la pharmacie
6. la papeterie

B. (12 points: 2 points per item)
Answers may vary. Possible answers:
1. BIBLIOTHEQUE : rendre des livres
    emprunter des livres
2. POSTE : acheter des timbres
    envoyer des lettres
3. BANQUE : retirer de l'argent
    déposer de l'argent

C. (4 points: 1 point per item)
1. voici
2. là, c'est
3. Regarde, voilà
4. là, tu vois

D. (7 points: 1 point per item)
1. à la
2. au
3. aux
4. à la
5. au
6. aux
7. à l'

ANSWERS Quiz 12-1B

I. Listening (10 points: 2 points per item)
  A. 1. e
  2. d
  3. c
  4. a
  5. b

II. Reading (10 points: 2 points per item)
  B. 1. c
  2. a
  3. e
  4. d
  5. b

III. Culture (5 points: 1 point per item)
  C. 1. b
  2. a
  3. b
  4. a
  5. b

IV. Writing (10 points)
  D. Answers will vary. Possible answer:
  Ça c'est la boulangerie. Tu peux acheter des baguettes là. Et voilà la librairie. Je vais à la librairie pour acheter des romans français. Voici la pâtisserie. Tu peux manger des tartes délicieuses ici. Regarde, voilà la papeterie! Tu peux acheter des cahiers ici. Et là, tu vois, c'est la pharmacie. On peut acheter des médicaments à la pharmacie.

ANSWERS Quiz 12-2A

A. (10 points: 2 points per item)
1. en avion
2. à vélo
3. à pied
4. en bateau
5. en voiture

B. (5 points: 1 point per item)
2, 4, 5, 1, 3

C. (10 points: 1 point per item)
1. Antoine va y aller pour emprunter un livre.
2. J'y suis allé pour déposer un chèque.
3. Mireille y achète du beurre.
4. Thierry et Nicolas n'aiment pas y aller.
5. Hier, nous y avons rencontré Michel.
6. Tu n'y vas pas aujourd'hui?
7. Vous allez y acheter des timbres.
8. Elles y ont acheté leurs livres hier.
9. On y joue très souvent.
10. Je vais y passer pour acheter du pain.

D. (5 points: 1 point per item)
1. de l'
2. des
3. de
4. du
5. de la

ANSWERS Quiz 12-2B

I. Listening (10 points: 2 points per item)
A. 1. c
2. d
3. b
4. e
5. a

II. Reading (10 points: 2 points per item)
B. 1. b
2. b
3. a
4. b
5. b

III. Writing (10 points: 5 points per item)
C. Answers will vary. Possible answers:
1. Mohamed,
   Tu vas en ville ce week-end, n'est-ce pas? Est-ce que tu peux passer à la bibliothèque pour rendre des livres pour moi? Merci beaucoup.

2. Karine,
   J'ai beaucoup de choses à faire. Tu peux m'aider? Je vais faire le dîner ce soir mais je n'ai pas de tomates. Tu peux passer à l'épicerie? Merci.

ANSWERS Quiz 12-3A

A. (10 points: 2 points per item)
1. Pardon
2. Je cherche
3. s'il vous plaît
4. vous allez tout droit jusqu'au
5. C'est tout de suite à

B. (10 points: 2 points per item)
1. tu continues
2. tu tournes
3. Prends la rue
4. puis traverse
5. Tu passes

C. (5 points: 1 point per item)
1. du
2. de la
3. du
4. de l'
5. des

D. (10 points: 2 points per item)
1. près
2. derrière
3. loin
4. devant
5. entre

ANSWERS Quiz 12-3B

I. Listening (10 points: 2 points per item)
A. 1. d
2. f
3. c
4. a
5. b

II. Reading (10 points: 2 points per item)
B. 1. d
2. e
3. a
4. b
5. c

III. Culture (5 points: 1 point per item)
C. 1. b
2. a
3. b
4. a
5. b

IV. Writing (10 points)
D. Answers will vary. Possible answer:
— Pardon, monsieur. Je cherche le cinéma, s'il vous plaît.
— Il est à côté de la poste.
— Et où est la poste?
— Tournez à gauche rue Lafayette. Allez tout droit et traversez la rue Franklin. A votre droite, vous allez voir le cinéma et la poste.
— Merci, monsieur.

Scripts for Chapter Test • Chapitre 12

I. Listening

A. 1. Ah, voilà la banque. Entrons. J'ai besoin de timbres.
2. Je vais passer chez le disquaire. Je vais acheter une cassette.
3. On va à la pharmacie? Je voudrais acheter des enveloppes.
4. Ah, voilà une épicerie. Je peux acheter de la confiture.
5. Tu peux aller à la boulangerie? Il me faut du pain.

B. 6. La bibliothèque est derrière le stade.
7. La poste est à côté de la banque.
8. Le restaurant est loin du parc.
9. L'hôtel est en face de la poste.
10. Le café est à côté de l'aéroport.

C. 11. — Tu pourrais passer à la poste cet après-midi?
— Oui, si tu veux.
12. — Il me faut du pain. Tu peux passer à la boulangerie?
— D'accord.
13. — Dis, tu es libre après l'école? Tu peux me rapporter du lait?
— Je suis désolée, mais je n'ai pas le temps.
14. — Est-ce que tu peux passer à la banque?
— Non, je ne peux pas maintenant.
15. — Tu pourrais passer chez le disquaire pour moi?
— Oui, j'y vais tout de suite.

Answers to Chapter Test • Chapitre 12

I. Listening   Maximum Score: 30 points

A. (10 points: 2 points per item)
1. b
2. a
3. b
4. a
5. a

B. (10 points: 2 points per item)
6. a
7. a
8. b
9. a
10. b

C. (10 points: 2 points per item)
11. a
12. a
13. b
14. b
15. a

II. Reading   Maximum Score: 30 points

D. (10 points: 2 points per item)
16. b
17. a
18. b
19. b
20. a

E. (10 points: 2 points per item)
21. c
22. a
23. e
24. d
25. b

F. (10 points: 2 points per item)
26. b
27. d
28. e
29. c
30. a

III. Culture   Maximum Score: 10 points

G. (10 points)
Answers will vary. Possible answer:
People in Martinique and in many francophone countries take time to say hello and ask what is going on in each other's lives, even when doing business. This difference could be frustrating for people in a hurry.

IV. Writing   Maximum Score: 30 points

H. (9 points)
Answers will vary. Possible answer:
Je vais en ville parce que j'ai des tas de choses à faire. D'abord, je vais passer à la banque. Je vais déposer de l'argent et retirer cinquante francs. Ensuite je vais aller à la poste. Je vais envoyer des lettres et j'ai besoin de timbres. Finalement, je vais à la papeterie pour acheter des cahiers et un stylo.

I. (10 points)
Answers will vary. Possible answer:
Etienne,
   Désolé, mais je ne peux pas passer chez le disquaire cet après-midi. Je n'ai pas le temps. J'ai des devoirs à faire et, moi aussi, je vais garder ma sœur. Tu peux demander à Sylvie, non? Au revoir.

J. (11 points)
Answers will vary. Possible answer:
Serge,
Lucie et moi, nous allons au cinéma cet après-midi. Tu veux y aller avec nous? On va se retrouver à quatre heures et demie devant le cinéma Oaks. Le cinéma est à côté de la pharmacie. Tu prends la rue Washington et le cinéma est à droite. A ce soir!

I. Listening

Maximum Score: 30

A. Listen as Marie-Laure describes members of her family to her friend Sébastien. Match each description to the correct picture. (5 points)

1. _____
2. _____
3. _____
4. _____
5. _____

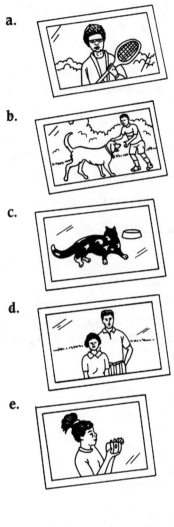

a.

b.

c.

d.

e.

SCORE [____]

B. Listen as Bernard asks his family to do some favors for him. Do they **a) agree** or **b) refuse** to do the favors? (5 points)

6. _____
7. _____
8. _____
9. _____
10. _____

SCORE [____]

C. Listen to the following remarks. Is the speaker **a) asking for** or **b) giving** advice? (5 points)

11. _____

12. _____

13. _____

14. _____

15. _____   SCORE [   ]

D. Nicole's friends are advising her what to wear this weekend. Match each name with the clothes the person advises Nicole to wear. (5 points)

16. _____ Alice

17. _____ Etienne

18. _____ Assika

19. _____ Dominique

20. _____ David

a. jeans and a T-shirt

b. pants and a pullover

c. red dress

d. bathing suit, shorts, and sandals

e. skirt and blouse

SCORE [   ]

E. Listen to the following people talk about their recent vacation. Was each person's vacation **a) good, b) OK, or c) bad?** (5 points)

21. _____

22. _____

23. _____

24. _____

25. _____   SCORE [   ]

F. Listen as Madame Lanson asks her children to run errands. Then mark the place where each of her children will have to go. (5 points)

26. _____

27. _____

28. _____

29. _____

30. _____

a. la bibliothèque

b. la banque

c. la pharmacie

d. la boulangerie

e. la poste

SCORE [   ]

FINAL EXAM

II. Reading

A. You've just received this letter from your pen pal telling you about his family. Read the letter and then decide whether the statements that follow are **a) true** or **b) false**. (5 points)

> Salut!
>
> Ça va? Tu as une grande famille? Dans ma famille, il y a six personnes et deux chats, Peluche et Shana. Peluche est gris et Shana est noire. Et toi, tu as des chats ou des chiens? Mon père a quarante-cinq ans et ma mère a quarante-six ans. Mes parents n'aiment pas beaucoup voyager, mais ils aiment beaucoup lire. J'ai trois frères, mais je n'ai pas de sœurs. Mon frère aîné s'appelle Jérôme. Il a dix-huit ans et il joue au foot. Luc a seize ans (il aime jouer à des jeux vidéo comme moi) et mon petit frère Laurent a huit ans. Il est très mignon, mais parfois pénible! Comment est ta famille? Ecris-moi vite!
>
> A bientôt,
> Alexandre

31. _____ Alexandre's father is the oldest in the family.

32. _____ Alexandre has three sisters.

33. _____ Alexandre's oldest brother enjoys playing video games.

34. _____ Laurent is cute, but sometimes difficult.

35. _____ Alexandre has two cats.

SCORE [   ]

B. Thierry is trying to call his friend Malika. Put the following phone conversation in order. (5 points)

    a. — Elle n'est pas là.
    b. — Allô?
    c. — Bien sûr, Thierry.
    d. — Bonjour. Est-ce que je peux parler à Malika?
    e. — Vous pouvez lui dire que Thierry a téléphoné?

36. _____

37. _____

38. _____

39. _____

40. _____

SCORE [   ]

C. Read the following ad for the supermarket **Bonprix**. The person who wrote the ad made some mistakes. Decide which item in each section of this ad doesn't belong. (5 points)

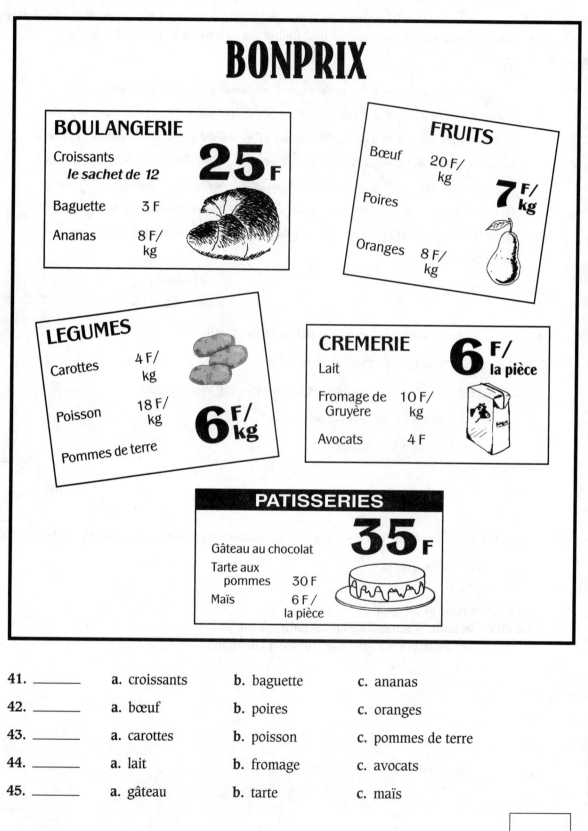

BONPRIX

BOULANGERIE

Croissants
le sachet de 12

25F

Baguette   3 F

Ananas   8 F/ kg

FRUITS

Bœuf   20 F/ kg

Poires

7F/ kg

Oranges   8 F/ kg

LEGUMES

Carottes   4 F/ kg

Poisson   18 F/ kg

6F/ kg

Pommes de terre

CREMERIE

Lait

6F/ la pièce

Fromage de   10 F/
Gruyère   kg

Avocats   4 F

PATISSERIES

Gâteau au chocolat

35F

Tarte aux
pommes   30 F

Maïs   6 F/ la pièce

41. _____   a. croissants   b. baguette   c. ananas

42. _____   a. bœuf   b. poires   c. oranges

43. _____   a. carottes   b. poisson   c. pommes de terre

44. _____   a. lait   b. fromage   c. avocats

45. _____   a. gâteau   b. tarte   c. maïs

SCORE ☐

Allez, viens! Level 1, Final Exam

D. Look at the store windows below. Then read the conversations and decide which store windows the people are talking about. (5 points)

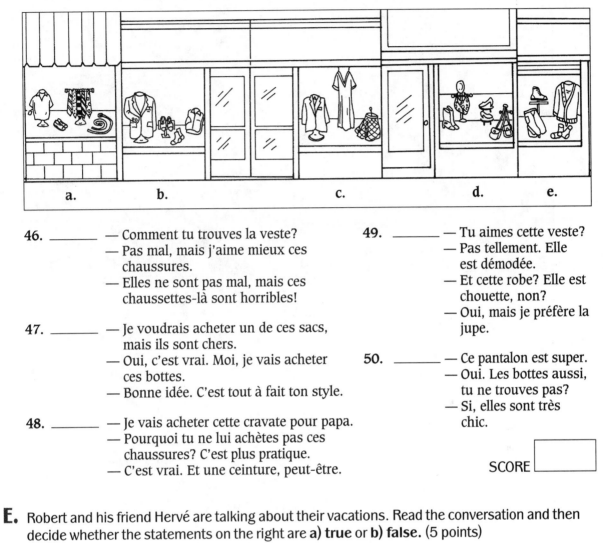

a.   b.   c.   d.   e.

46. _____ — Comment tu trouves la veste?
— Pas mal, mais j'aime mieux ces chaussures.
— Elles ne sont pas mal, mais ces chaussettes-là sont horribles!

47. _____ — Je voudrais acheter un de ces sacs, mais ils sont chers.
— Oui, c'est vrai. Moi, je vais acheter ces bottes.
— Bonne idée. C'est tout à fait ton style.

48. _____ — Je vais acheter cette cravate pour papa.
— Pourquoi tu ne lui achètes pas ces chaussures? C'est plus pratique.
— C'est vrai. Et une ceinture, peut-être.

49. _____ — Tu aimes cette veste?
— Pas tellement. Elle est démodée.
— Et cette robe? Elle est chouette, non?
— Oui, mais je préfère la jupe.

50. _____ — Ce pantalon est super.
— Oui. Les bottes aussi, tu ne trouves pas?
— Si, elles sont très chic.

SCORE [ ]

E. Robert and his friend Hervé are talking about their vacations. Read the conversation and then decide whether the statements on the right are **a) true** or **b) false.** (5 points)

HERVE Qu'est-ce que tu as fait pendant les vacances?
ROBERT Beaucoup de choses. J'ai passé le mois de juillet en colonie de vacances.
HERVE Super. Et en août?
ROBERT En août, je suis allé à la Martinique avec mes sœurs. On a fait de la voile, de la planche à voile, du ski nautique... C'était formidable! Et toi, qu'est-ce que tu as fait?
HERVE En juillet, pas grand-chose. J'ai travaillé pendant tout le mois. Mais en août, j'ai rencontré une fille sympa au café. Elle s'appelle Danielle. Nous sommes allés au musée, au théâtre, au cinéma. C'était chouette!
ROBERT Très bien! Alors, on a encore deux semaines de vacances. Qu'est-ce qu'on va faire?
HERVE Tu veux faire du camping? On peut aller en forêt avec mon père.
ROBERT Bonne idée!

51. _____ Robert went to a summer camp in August.

52. _____ Robert went sailing and windsurfing in Martinique.

53. _____ Hervé worked in July.

54. _____ Hervé didn't enjoy his summer.

55. _____ Robert and Hervé are planning on sailing during the remainder of their vacation.

SCORE [ ]

F. Look at the map and choose the best completion for each of the statements below. (5 points)

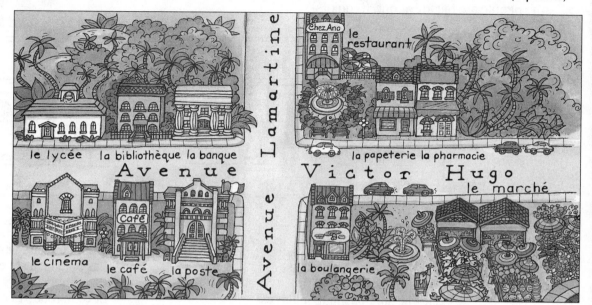

56. _____ La papeterie est... la pharmacie.
  a. en face de   **b.** à côté de   **c.** loin de

57. _____ Le café est... la bibliothèque.
  a. devant   **b.** à droite de   **c.** au coin de

58. _____ Le marché est... cinéma.
  a. en face du   **b.** devant le   **c.** loin du

59. _____ La bibliothèque est... lycée.
  a. en face du   **b.** à droite du   **c.** derrière le

60. _____ La boulangerie est... la rue.
  a. au coin de   **b.** à gauche de   **c.** loin de

SCORE [   ]

III. Culture

Maximum Score: 10

A. Read the following statements. Would each statement generally refer to **a) francophone countries** or **b) the United States?** (5 points)

61. _____ Bacon and eggs are popular for breakfast.

62. _____ The largest meal of the day is dinner.

63. _____ Dinner is usually eaten after 7:00 P.M.

64. _____ The standard measures of weight are grams and kilograms.

65. _____ The biggest meal of the day is lunch.

SCORE [   ]

B. Read the following statements about the French telephone system and decide if they're
a) **true** or b) **false**. (5 points)

66. _____ Telephone booths can be found in post offices.

67. _____ Most French teenagers have a telephone in their room.

68. _____ Card-operated telephones are gradually replacing coin-operated telephones.

69. _____ A card-operated telephone accepts any credit card.

70. _____ Local telephone calls are free.

SCORE [   ]

IV. Writing

Maximum Score: 30

A. You're working on a script for a French soap opera. Write detailed descriptions of five of the characters. Be sure to include both physical descriptions and personality traits. (10 points)

_____

_____

_____

_____

_____

_____

_____

_____

_____

_____

_____

_____

_____

_____

_____

_____

_____

_____

SCORE [   ]

FINAL EXAM

B. You want to go to the coast with your friends for the day, but you have a lot of chores to do at home. Write a note to your brother describing five chores you want him to do for you. (10 points)

_____

_____

_____

_____

_____

_____

SCORE ☐

C. Describe a recent eventful day, real or imaginary. Tell what happened, where you went, with whom, what you did, and how you felt. Be sure to use sequencing words to describe the order of events. You should write at least eight sentences. (10 points)

_____

_____

_____

_____

_____

_____

_____

_____

_____

_____

_____

_____

SCORE ☐

TOTAL SCORE ☐ /100

Circle the letter that matches the most appropriate response.

I. Listening

Maximum Score: 30

A. (5 points)

1. a   b   c   d   e
2. a   b   c   d   e
3. a   b   c   d   e
4. a   b   c   d   e
5. a   b   c   d   e

SCORE ☐

B. (5 points)

6. a   b
7. a   b
8. a   b
9. a   b
10. a   b

SCORE ☐

C. (5 points)

11. a   b
12. a   b
13. a   b
14. a   b
15. a   b

SCORE ☐

D. (5 points)

16. a   b   c   d   e
17. a   b   c   d   e
18. a   b   c   d   e
19. a   b   c   d   e
20. a   b   c   d   e

SCORE ☐

E. (5 points)

21. a   b   c
22. a   b   c
23. a   b   c
24. a   b   c
25. a   b   c

SCORE ☐

F. (5 points)

26. a   b   c   d   e
27. a   b   c   d   e
28. a   b   c   d   e
29. a   b   c   d   e
30. a   b   c   d   e

SCORE ☐

FINAL EXAM

II. Reading

Maximum Score: 30

A. (5 points)

31. a   b
32. a   b
33. a   b
34. a   b
35. a   b

SCORE ☐

B. (5 points)

36. a   b   c   d   e
37. a   b   c   d   e
38. a   b   c   d   e
39. a   b   c   d   e
40. a   b   c   d   e

SCORE ☐

C. (5 points)

41. a   b   c
42. a   b   c
43. a   b   c
44. a   b   c
45. a   b   c

SCORE ☐

D. (5 points)

46. a   b   c   d   e

47. a   b   c   d   e

48. a   b   c   d   e

49. a   b   c   d   e

50. a   b   c   d   e

SCORE [ ]

E. (5 points)

51. a   b

52. a   b

53. a   b

54. a   b

55. a   b

SCORE [ ]

F. (5 points)

56. a   b   c

57. a   b   c

58. a   b   c

59. a   b   c

60. a   b   c

SCORE [ ]

III. Culture

Maximum Score: 10

A. (5 points)

61. a   b

62. a   b

63. a   b

64. a   b

65. a   b

SCORE [ ]

B. (5 points)

66. a   b

67. a   b

68. a   b

69. a   b

70. a   b

SCORE [ ]

IV. Writing

Maximum Score: 30

A. (10 points)

_____

_____

_____

_____

_____

_____

_____

_____

_____

_____

_____

_____

SCORE [ ]

FINAL EXAM

B. (10 points)

_____

_____

_____

_____

_____

_____

_____

SCORE [____]

C. (10 points)

_____

_____

_____

_____

_____

_____

_____

_____

_____

_____

_____

_____

_____

_____

_____

_____

_____

_____

_____

SCORE [____]

TOTAL SCORE [___/100]

FINAL EXAM

Listening Scripts for Final Exam

I. Listening

A.
1. — Qui est cette femme sur la photo?
   — C'est ma grand-mère. Elle est très sportive.

2. — Ça, ce sont mes parents. Tu vois comme ma mère est petite?
   — C'est vrai. Et ton père est grand.

3. — Et là, c'est mon chat Froufrou. Il est noir et blanc.
   — Il est mignon.

4. — Tu vois là, c'est ma sœur Isabelle.
   — Elle aime faire des photos?
   — Oui, beaucoup.

5. — C'est qui, ce petit garçon?
   — C'est mon frère Guillaume avec notre chien Gaspard.

B.
6. — Marc, tu peux aller au marché? Il me faut des bananes.
   — Bon, d'accord.

7. — Maman, tu peux aller à la bibliothèque? J'ai besoin de deux livres.
   — Oui, chéri. J'y vais cet après-midi.

8. — Sylvie, tu me rapportes un classeur?
   — Je regrette, mais je n'ai pas le temps.

9. — Papa, tu pourrais passer au centre commercial? Je voudrais un CD.
   — Je ne peux pas maintenant.

10. — Si tu vas en ville, Luc, rapporte-moi du pain.
    — D'accord.

C.
11. Ça va très mal. J'ai raté un examen. Qu'est-ce que je peux faire?

12. Je ne sais pas quoi mettre. Qu'est-ce que tu me conseilles?

13. A mon avis, tu devrais leur parler.

14. Je peux te parler? Marc ne me téléphone plus. A ton avis, qu'est-ce que je fais?

15. Pourquoi tu n'étudies pas ce week-end? Tu vas voir, ça va aller mieux!

D.
16. — Alice, pour la boum vendredi, qu'est-ce que je mets?
    — Mets une jupe et un chemisier.

17. — Etienne, qu'est-ce que je mets pour aller au stade samedi?
    — Mets un jean et un tee-shirt.

18. — Pour aller au centre commercial, qu'est-ce que je mets, Assika?
    — Pourquoi tu ne mets pas un pantalon et un pull?

19. — Dominique, qu'est-ce que je mets pour aller à la piscine dimanche?
    — Mets ton maillot de bain, bien sûr!
    — Oui, oui, je sais. Mais quoi d'autre?
    — Mets ton short vert et des sandales.

20. — Qu'est-ce que je mets pour aller au théâtre, David?
    — Pourquoi tu ne mets pas ta nouvelle robe rouge?

E. 21. — Tu t'es bien amusé pendant les vacances?
     — Oh, ça a été. J'ai beaucoup travaillé, mais j'ai gagné de l'argent.

  22. — Ça s'est bien passé, tes vacances en Grèce?
     — C'était un véritable cauchemar! C'était beaucoup trop cher!

  23. — Tu as passé un bon été?
     — Formidable! On est allés à la plage tous les jours.

  24. — Tu t'es bien amusé en colonie de vacances?
     — Non, pas du tout. Il a fait froid et gris tous les jours.

  25. — Dis, tu as passé de bonnes vacances à la montagne?
     — Oui, très chouette! J'ai fait du ski et du patin.

F. 26. — Assika, il me faut du pain. Achète deux baguettes, s'il te plaît.

  27. — Koffi, tu es libre cet après-midi? Tu peux me prendre deux livres? Voilà ma carte.

  28. — Marie, je n'ai plus d'argent. Tu peux retirer de l'argent pour moi?

  29. — Nima, j'ai des lettres à envoyer et il me faut des timbres.

  30. — Sonya, tu vas en ville, non? J'ai mal à la tête. Tu peux m'acheter des médicaments?

Answers to Final Exam

I. Listening Maximum Score: 30 points

A. (5 points: 1 point per item)
1. a
2. d
3. c
4. e
5. b

B. (5 points: 1 point per item)
6. a
7. a
8. b
9. b
10. a

C. (5 points: 1 point per item)
11. a
12. a
13. b
14. a
15. b

D. (5 points: 1 point per item)
16. e
17. a
18. b
19. d
20. c

E. (5 points: 1 point per item)
21. b
22. c
23. a
24. c
25. a

F. (5 points: 1 point per item)
26. d
27. a
28. b
29. e
30. c

II. Reading Maximum Score: 30 points

A. (5 points: 1 point per item)
31. b
32. b
33. b
34. a
35. a

B. (5 points: 1 point per item)
36. b
37. d
38. a
39. e
40. c

C. (5 points: 1 point per item)
41. c
42. a
43. b
44. c
45. c

D. (5 points: 1 point per item)
46. b
47. d
48. a
49. c
50. e

E. (5 points: 1 point per item)
51. b
52. a
53. a
54. b
55. b

F. (5 points: 1 point per item)
56. b
57. a
58. c
59. b
60. a

III. Culture Maximum Score: 10 points

A. (5 points: 1 point per item)
61. b
62. b
63. a
64. a
65. a

B. (5 points: 1 point per item)
66. a
67. b
68. a
69. b
70. b

IV. Writing Maximum Score: 30 points

A. (10 points) Answers will vary.
B. (10 points) Answers will vary.
C. (10 points) Answers will vary.

Speaking Tests

The primary goal of *Allez, viens!* is to help students develop proficiency in French. The speaking tests in the *Testing Program* have been designed to help assess students' proficiency in understanding and speaking French. The speaking tests, which measure how well students use the language in contexts that approximate real-life situations, reflect the interview/role-play format of the Situation Cards in the *Activities for Communication.* You can choose to set up interviews with each student, role-play the short situations with individual students, or have pairs of students act out the role-play situations spontaneously as you observe.

Administering a speaking test requires approximately three to five minutes with each student or pair of students. You might administer a speaking test to one student or a pair of students while the others are working on the reading and writing sections of a Chapter Test or on any written assignment. Make sure that you and the student(s) are seated far enough from others so that you will not disturb them. Instruct the student(s) to speak in a soft but audible voice. If such an arrangement is not possible, you might want to meet with students at mutually agreed upon times outside of class.

The Speaking Test Evaluation Form on page 342 will help you assess each student's performance. At the end of each test, take a moment to note your impressions of the student's performance on the evaluation form. The following guidelines offer one possible way to determine a student's global score, based on the evaluation.

18–20 pts: The student accomplishes the assigned task successfully, speaks clearly and accurately, and brings additional input to the basic situation (for example, using functions or structures that beginning language learners seldom use spontaneously).

15–17 pts: The student accomplishes the assigned task successfully with few errors, is able to communicate effectively in spite of these errors, and offers meaningful responses.

12–14 pts: The student accomplishes the task with difficulty. He or she demonstrates minimum oral competence, hesitates frequently, and offers minimal, predictable responses.

9–11 pts: The student is unable to accomplish the task or fails to demonstrate acceptable use of functions, vocabulary, and grammatical structures.

0–8 pts: Communication is almost non-existent. The student does not understand the aural cues and is unable to accomplish the task. Errors are so extreme that communication is impossible.

SPEAKING TESTS

Speaking Test Evaluation Form

Chapter _____ ☐ Interview ☐ Role-Play ☐ Other format

Targeted Function(s) _____

_____

_____

Context (Topic) _____

COMPREHENSION (ability to understand aural cues and respond appropriately)	(EXCELLENT)	4 3 2 1 (POOR)
COMPREHENSIBILITY (ability to communicate ideas and be understood)	(EXCELLENT)	4 3 2 1 (POOR)
ACCURACY (ability to use structures and vocabulary correctly)	(EXCELLENT)	4 3 2 1 (POOR)
FLUENCY (ability to communicate clearly and smoothly)	(EXCELLENT)	4 3 2 1 (POOR)
EFFORT (inclusion of details beyond the minimum predictable response)	(EXCELLENT)	4 3 2 1 (POOR)

TOTAL POINTS [   ]

NOTES:

_____

_____

_____

_____

_____

_____

SPEAKING TESTS

Allez, viens! Level 1

Faisons connaissance!

Targeted Functions: greeting people and saying goodbye; asking how people are and telling how you are; asking someone's name and age and giving yours; expressing likes, dislikes, and preferences about things; expressing likes, dislikes, and preferences about activities

A. Interview
Have students answer these questions in French.
1. **Tu t'appelles comment?**
2. **Ça va?**
3. **Tu as quel âge?**
4. **Tu aimes l'école?**
5. **Tu aimes faire du sport?**

B. Role-play
Have pairs of students act out the following situation, or act it out yourself with a student.

You'd like to do something with a friend. However, your friend is difficult to please when it comes to activities. You try to find some activity he or she will like. It takes several tries before you find something your friend likes to do.

Vive l'école!

Targeted Functions: agreeing and disagreeing; asking for and giving information; asking for and expressing opinions

A. Interview
Have students answer these questions in French.
1. **J'adore l'histoire. Et toi?**
2. **Tu as quels cours?**
3. **Tu as quoi à dix heures?**
4. **Tu as anglais à quelle heure?**
5. **Comment tu trouves l'anglais?**

B. Role-play
Have pairs of students act out the following situation, or act it out yourself with a student.

You've just met a young French student who is visiting the United States. Describe your school schedule to him or her, telling which classes you like and which you dislike. Then ask about the French student's schedule and how he or she feels about the classes.

SPEAKING TESTS

Tout pour la rentrée

Speaking Test

Targeted Functions: making and responding to requests; asking others what they need and telling what you need; telling what you'd like and what you'd like to do; getting someone's attention; asking for information; expressing thanks

A. Interview
Have students answer these questions in French.
1. **Tu as un stylo?**
2. **C'est combien, un stylo?**
3. **Qu'est-ce qu'il te faut pour les maths?**
4. **Il me faut du papier. Tu as du papier?**
5. **Moi, je voudrais acheter une radio. Et toi?**

B. Role-play
Have pairs of students act out the following situation, or act it out yourself with a student.

You and a friend are shopping for school supplies. Tell each other what items you need for your classes, which items you would like to buy, and ask the price of the items.

Sports et passe-temps

Speaking Test

Targeted Functions: telling how much you like or dislike something; exchanging information; making, accepting, and turning down suggestions

A. Interview
Have students answer these questions in French.
1. **Qu'est-ce que tu fais comme sport?**
2. **Moi, j'aime faire des photos. Et toi?**
3. **D'habitude, qu'est-ce que tu fais le week-end?**
4. **Qu'est-ce que tu fais quand il pleut?**
5. **On joue au tennis cet après-midi?**

B. Role-play
Have pairs of students act out the following situation, or act it out yourself with a student.

You and a friend are trying to decide what to do this afternoon. You make some suggestions, but your friend turns them down. Finally, you both agree on an activity.

On va au café?

Targeted Functions: making suggestions; making excuses; making a recommendation; getting someone's attention; ordering food and beverages; inquiring about and expressing likes and dislikes; paying the check

A. Interview

Have students answer these questions in French.

1. **On va au café?**
2. **Qu'est-ce que tu aimes manger au café?**
3. **Au café, tu prends quoi comme boisson?**
4. **Comment tu trouves les hot-dogs?**
5. **Est-ce que tu as faim?**

B. Role-play

Have pairs of students act out the following situation, or act it out yourself with a student.

You're sitting in a café in Paris, deciding what to order. The server arrives to take your order and makes some suggestions about what to eat and drink. You finally decide and complete your order. When you've finished eating, you call the server and ask for the check.

Amusons-nous!

Targeted Functions: making plans; extending and responding to invitations; arranging to meet someone

A. Interview

Have students answer these questions in French.

1. **Qu'est-ce que tu vas faire ce week-end?**
2. **Tu vas faire quoi après l'école?**
3. **Tu veux aller au cinéma avec moi?**
4. **Où est-ce qu'on se retrouve?**
5. **A quelle heure?**

B. Role-play

Have pairs of students act out the following situation, or act it out yourself with a student.

Invite a friend to do something with you on Saturday afternoon. Your friend accepts and asks for more details about when and where you're going to meet.

SPEAKING TESTS

7 La famille

Targeted Functions: identifying and introducing people; describing and characterizing people; asking for, giving, and refusing permission

A. Interview

Have students answer these questions in French.

1. **Tu as un chien ou un chat?**
2. **Comment est ton chien/ton chat?**
3. **Et ton ami(e), il/elle est comment?**
4. **Tu dois faire la vaisselle chez toi?**
5. **Tu aimes faire le ménage?**

B. Role-play

Have pairs of students act out the following situation, or act it out yourself with a student.

You and a new student in school are talking after class. The new student asks about your friends in class. You answer his or her questions, identifying and describing your classmates.

8 Au marché

Speaking Test

Targeted Functions: expressing need; making, accepting, and declining requests; telling someone what to do; offering, accepting, or refusing food

A. Interview

Have students answer these questions in French.

1. **Qu'est-ce qu'il te faut pour faire un sandwich?**
2. **De quoi est-ce que tu as besoin pour faire une salade?**
3. **Qui fait les courses chez toi?**
4. **Qu'est-ce que tu aimes prendre pour le petit déjeuner?**
5. **Qu'est-ce que tu aimes prendre pour le déjeuner?**

B. Role-play

Have pairs of students act out the following situation, or act it out yourself with a student.

You're going to have friends over for dinner this evening, so you ask a friend to pick up some things for you. Your friend agrees to run the errand and asks what you need. Tell your friend how much of each item you need.

Au téléphone

Speaking Test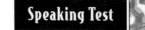

Targeted Functions: asking for and expressing opinions; inquiring about and relating past events; making and answering a telephone call; sharing confidences and consoling others; asking for and giving advice

A. Interview
Have students answer these questions in French.
1. **Tu as passé un bon week-end?**
2. **Qu'est-ce que tu as fait?**
3. **Et après ça?**
4. **J'ai raté mon examen de maths. Qu'est-ce que tu me conseilles?**
5. **Je veux acheter un ordinateur, mais je n'ai pas d'argent. A ton avis, qu'est-ce que je fais?**

B. Role-play
Have pairs of students act out the following situation, or act it out yourself with a student.

You're on the phone trying to reach your friend. Your friend's mother or father answers the phone and tells you that your friend isn't home. You talk for a moment and then you leave a message.

Dans un magasin de vêtements

Speaking Test

Targeted Functions: asking for and giving advice; expressing need; inquiring; asking for an opinion; paying a compliment; criticizing; hesitating; making a decision

A. Interview
Have students answer these questions in French.
1. **Pour aller au lycée, qu'est-ce que tu mets?**
2. **Quand il fait froid, qu'est-ce que tu mets?**
3. **Je vais à une boum samedi soir. Qu'est-ce que je mets?**
4. **J'ai acheté ce tee-shirt. Il me va?**
5. **Comment tu trouves les vêtements rétro?**

B. Role-play
Have pairs of students act out the following situation, or act it out yourself with a student.

You're shopping for some clothes for school. A salesperson offers to help. Tell the salesperson what you need. The salesperson will point something out. Then decide whether or not to buy the items.

SPEAKING TESTS

11 Vive les vacances!

Targeted Functions: inquiring about and sharing future plans; expressing indecision; expressing wishes; asking for advice; making, accepting, and refusing suggestions; reminding; reassuring; seeing someone off; asking for and expressing opinions; inquiring about and relating past events

A. Interview
Have students answer these questions in French.
1. **Tu as passé un bon week-end?**
2. **Qu'est-ce que tu as fait?**
3. **Qu'est-ce que tu as envie de faire cet été?**
4. **Moi, je ne sais pas quoi faire. Tu as une idée?**
5. **Si je vais à la Martinique, qu'est-ce que je prends?**

B. Role-play
Have pairs of students act out the following situation, or act it out yourself with a student.

You and your friend are talking about your plans for summer vacation. Discuss where you might go, what activities you might do, and what you would need for your trip.

12 En ville

Targeted Functions: pointing out places and things; making and responding to requests; asking for advice and making suggestions; asking for and giving directions

A. Interview
Have students answer these questions in French.
1. **Où est-ce que je peux acheter des timbres?**
2. **Et pour acheter un stylo, où est-ce que je vais?**
3. **Comment est-ce que j'y vais?**
4. **Où se trouve la bibliothèque?**
5. **Est-ce qu'il y a un restaurant près d'ici?**

B. Role-play
Have pairs of students act out the following situation, or act it out yourself with a student.

You're very busy and you have too many errands to run. Ask your friend to do some of them for you. He or she will accept or refuse.